한국의 역사와 문화 그리고 제주

국립제주박물관 문화총서 **10**

한국의 역사와 문화 그리고 제주

국립제주박물관 편

서 경 문 화 사

국립제주박물관 문화총서 제10권

『한국의 역사와 문화 그리고 제주』를 발간하며

국립제주박물관이 2002년 제1회 '박물관 문화강좌'를 시작한 이래, 올해로 10회째를 맞이하게 되었습니다. 그 동안 박물관 문화강좌는 우리나라의 역사와 문화뿐 만 아니라 세계의 문화유산을 주제로 삼는 등 다양한 분야의 내용들을 다루어 왔습니다. 또한 '박물관 문화강좌'는 운영의 활성화를 위하여 각 분야별 최고의 강사나 권위 있는 전문가들을 초빙하여 수준 높은 강좌가 될 수 있도록 최선의 노력을 기울여 왔습니다. 이러한 노력 덕분인지 본 강좌는 매회 제주 도민들의 열정적인 참여가 이루어졌으며, 이를 통해 도내 언론매체 등의 많은 관심을 끌게 되었습니다. 이제는 명실상부한 제주도내 최고의 문화강좌로 자리매김하게 되었습니다.

한편, 국립제주박물관은 올해가 '박물관 문화강좌'와 마찬가지로 개관 10주년이 되는 해이기도 합니다. 따라서 우리 관은 본 프로그램의 내실을 다지고자 그 동안 상반기에만 집중적으로 운영되었던 강좌를 상·하반기로 고르게 나누어 편성하였고, 강좌의 명칭 또한 '박물관 아카데미'로 개칭하였습니다. 또한 올해에 개최되는 강좌의 경우 개관 10주년을 기념하는 뜻에서 『한국의 역사와 문화 그리고 제주』로 정하게 되었는데, 그 이유는 우리나라의 역사와 문화라는 큰 틀 속에서 제주의 역사와 문화를 다시 한

번 집중적으로 조망해 보고 정리하는 기회로 삼고자 하는 의도에서 비롯된 것입니다. 따라서 이번에 열 번째로 발간되는 문화총서의 내용 역시 한국의 역사와 문화에 대한 폭넓은 이해를 바탕으로 제주만의 독특한 역사와 문화를 새로운 시각으로 바라볼 수 있도록 하고자 '해양 실크로드와 제주', '제주의 문자도', '한국의 고문서와 제주', '몽골제국과 제주', '고고학으로 보는 제주', '해양문화와 제주민의 삶', '하멜의 표착과 제주', '한국 도자의 대외교류와 제주', '한국의 성곽과 제주의 성곽', '추사 김정희'에 이르기까지 각 분야 전문 연구자들의 깊이 있는 글들을 수록하였습니다.

세계적인 역사학자 E. H. Carr는 '역사란 무엇인가?'라는 명저에서 '역사는 과거와 현재의 끊임없는 대화'라고 정의했으며, 또한 영국의 시인 G. G. Byron은 '미래에 대한 최선의 예언자는 과거이다.'라고 한 바 있습니다. 이번 문화총서는 분명히 여러분들에게 과거 제주의 역사와 문화가 지닌 특징들이 무엇인지를 깊이 성찰해 볼 수 있는 기회를 제공해 줄 것입니다. 아울러 이번 문화총서를 통해 여러분들은 역사·문화적 측면에서 제주의 더 나은 미래 창조를 위한 올바른 대안이 무엇인가에 대해서도 고민해 볼 수 있는 기회가 되리라 확신합니다.

아무쪼록 지면을 빌어, 국립제주박물관 '박물관 아카데미'에 대하여 지속적인 관심과 성원을 보내주시는 제주도민들에게 감사의 말씀을 전하며, 바쁘신 중에도 원고를 집필해 주신 여러 선생님들과 출판을 맡아주신 서경문화사에 감사를 드립니다.

국립제주박물관장 권 상 열

목 차

역사란 무엇인가?
-고대 동아시아세계에 대한 재인식-

윤선태 동국대학교 역사교육과 교수

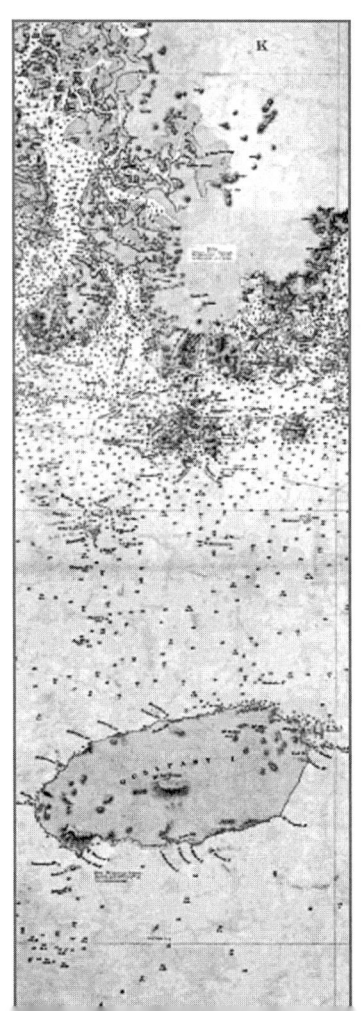

▲ 서양인이 그린 조선남해안도, 조선 19세기

역사란 무엇인가?
-고대 동아시아세계에 대한 재인식-

I. 역사의 현재성과 비판적 역사읽기

'역사' 란 쉽게 말해 인간이 살아온 '과거' 를 의미한다. 이 과거는 분명히 존재했던 불변의 실체지만, 그것을 표현하거나 의식하는 인간들의 과거는 매우 주관적이다. 객관적인 과거는 현재엔 존재하지 않으며, 다만 인간의 의식 속에 존재하는 과거만이 남아있을 뿐이다. 그래서 영국의 저명한 역사가 에릭 홉스봄은, "역사는 조상 대대로 내려온 기억이나 전통이 아니다. 역사는 사람들이 텔레비전 프로그램과 잡지 편집자, 성직자, 교사, 그리고 역사 집필자에게서 배우는 것이다"고 역설했다.

실증주의 역사가 랑케는 "있었던 그대로의" 역사를 기술할 수 있다고 강조했지만, 또 오늘날에도 대부분의 역사가들이 자신이 객관적인 역사를 추구한다고 말하고 있지만, 그것은 불가능하다. 예를 들어 현재 우리의 국사교과서에는 '신라가 백제·고구려를 멸망시켰다' 는 사건만이 기술되어 있지 않다. 국사 집필자들은 이러한 서술에 만족하지 않는다. "만주지역을 상실하고 외세인 당나라를 끌어들인 한계가 있지만, 종국에는 당을 물리치고 삼국통일을 이룩해 민족국가 형성의 기반을 마련하였다."는 주관적 평가를 빼놓지 않는다. 학생들에겐 이 이 평가가 역사로 뇌리에 박힌다. 백제·고구려를 멸망시킨 신라의 김춘추와 김유신은 민족을 배반한 '배족자'라는 단재 신채호의 100년 전 평가가 오늘날까지도 회자되고 있는 것도 다 그 때문이다. 따라서 우리가 알고 있는 역사는 모두 역사가가 특별히 선택해서 강조했던 '역사가에 의해 재현된 역사상(歷史像)'에 불과하다.

　역사가들은 동일한 자료를 가지고도 서로 다른 역사상을 만들어낸다. 그렇다면 역사가에 의해 만들어진 역사를 어떻게 역사적 진실이라고 말할 수 있는가? 하는 의문이 당연히 들 수밖에 없다. 역사에 직면한 모든 이는 이러한 회의(懷疑)를 반드시 품어야 한다. 특히 역사는 '있었던' 과거를 다루기 때문에, 역사가의 역사적 평가까지도 '실재했던' 과거로 오해하기 쉽다. 역사 집필자도 인간이기 때문에 정치적 격정으로부터 자유로울 수 없다. 그가 자료를 정확하게 실증했는지, 인과관계를 과학적으로 분석했는지, 그의 평가가 의미 있는 평가인지를 냉정하게 바라보는 비판적인 역사읽기가 오늘날 무엇보다도 필요하다.

　그래서 오늘 필자는 우리 국사교과서의 한국고대사 인식에 나타나는 문제점을 지적하고, 새로운 한국고대사상을 제시해보고자 한다. 필자의 역사 역시 여러분들이 두 눈을 크게 뜨고 냉정히 비판적으로 읽어주기를 바라마지 않는다.

II. 국사교과서의 한국고대사 인식

　'국사'라는 말 속에 이미 답이 있지만, 우리의 한국사 서술은 '일국사(一國史)' 중심으로 역사를 서술하고 있다. 국사니 당연하지 않냐는 반문이 있을 수도 있지만, 이러한 교과서는 학생들의 역사의식에 심각한 문제를 초래한다. 우리의 역사 서술은 다른 지역, 다른 국가들과 너무나도 단절되어 있다. 아무리 자원이 풍부하고 자족적인 사회라도 외부의 영향을 받지 않는 나라는 없다. 과거 한반도와 주변 이웃의 역사적 만남과 사례들은 오늘날 우리의 세계화나, 세계와의 올바른 소통을 실현하는데 매우 중요한 시금석이 될 수 있다.

물론 국사교과서에 외부의 영향과 교류가 전혀 없는 것은 아니다. 학생들은 외세의 침입과 그 극복과정은 매우 자세히 배운다. 이를 통해 우리의 이웃나라들은 늘 우리를 침략한 세력으로 각인된다. 중국 지역으로부터 건너온 문화나 우리의 '문화수용능력'은 전혀 언급이 없다. 얄궂게도 한반도에서 일본 열도로 청동기, 쌀농사, 도기의 기술이 전파된 것은 빼놓지 않고 기술하고 있다. 이를 통해 일본에 대한 우리의 자존심이 과연 세워졌을까? 이러한 역사 기술로는 결코 일본제국주의의 식민지였다는 상처를 치유하지 못한다.

한국의 고대사 기술에서 중국지역의 문화적 영향력을 숨기려고 애쓰고, 한반도에서 일본 열도로 건너간 문화만을 강조하는 것은 한반도에 살았던 우리 선조들의 문화수용능력을 가볍게 보았을 뿐만 아니라, 서구와 일본 제국주의자들이 만들어놓은 중심위주(中心爲主), 우승열패(優勝劣敗)의 '사회진화론'에 여전히 짓눌려 있음을 스스로 고백한 것에 다름 아니다. 부끄러운 역사는 없다. 단지 부끄러워하는 우리의 의식만이 있을 뿐이다. 북한의 '대동강문명론'은 그래서 우리를 더욱 초라하게 만든다. 얼마나 황하문명이 부러웠으면, 평양의 대동강을 "세계 5대 문명권"으로 선언했겠는가!

이제 중심문명과 주변부 사회에 대한 발상의 전환이 필요하다. 중심과 주변은 우열(優劣)의 관계가 아니다. 중심과 주변은 세계를 구성하는 동등한 성원(成員)이다. 중심도 세계의 일지역(一地域)에 불과하다. 문명은 중심에서 탄생했지만, 그러한 문명을 변용하고 소화(消化)하였던 주변부의 주체적인 활동이 없었다면 세계는 애초에 성립할 수 없었다. 따라서 주변부의 중심문화 변용도 또 다른 문명창조의 과정이다.

예를 들어 황하문명이 탄생시킨 한자(漢字)를 생각해보자. 이 한자는 중국의 것이 아니다. 혹자들처럼 동이족이 세운 은나라가 한자를 만들었기 때문에 한자는 우리의 것이라고 말하려는 것도 아니다. 한자는 현재의 중국 지역에서 탄생했을 뿐이다. 한자는 동아시아 전역으로 전파되었고, 자신들의 가슴에 사무친 희노애락을 표현하는 문자로 널리 사용되었다. 조선시대에 편찬된 『동문선(東文選)』의 서문을 보면, 중문(中文)보다 우수한 동문(東文)에 대한 자부심으로 충만되어 있다. 인간이 만들어낸 문화는 원래 국경도 국적도 없다. 축구가 영국의 것인가? 축구는 세계의 것이다. 한자 역시 그것을 수용하고 사용한 모든 이의 것이다. 이처럼 한반도의 우리 선조들은 중국 지역으로부터 문화를 수용해 자신의 것으로 탈바꿈시켜갔다.

고대 동아시아세계는 애초 중국의 일방적인 문화전파로는 형성될 수 없는 성질의 것이다.[1] 한자는 중국에서 전파된 것이 아니라, 동아시아의 고대사회가 스스로 자기표현의 수단으로 '한자'를 받아들인 것이다. 이는 한반도, 일본열도 등 동아시아 각 지역으로 중국문화가 수용되는 계기가 되었다. 또한 동아시아의 고대사회가 서로 긴밀히 소통하는 하나의 세계, 하나의 문화권을 형성하는 기초가 되었다.

그런데 이러한 한자문화권을 바라보는 기존의 시각은 한자나 중국문화가 중국 지역에서 일방적으로 주변부 사회로 전파된 것으로 설명하고 있다. 또 현재 일본에서는 고대일본이 중국과의 직접적인 교류를 통해 중국문화를 수용한 것으로 이해하는 경향이 있다. 물론 그러한 교류가 없었던 것은 아니다. 그러나 주변부 사회에 수용된 중국문화의 내용을 구체적으로 들여다보면, 이러한 인식에는 많은 문제가 있음을 알 수 있다.

고대 동아시아의 한자문화권은 모두 한자를 매개로 중국문화를 수용하였지만, 그 내부엔 문화적 단층이 엄연히 존재하였다. 중심과 주변의

---

1) 李成市, 『東アジア文化圏の形成』, 山川出版社, 2000.

낙차만이 아니라 주변부 국가 사이에도 다양한 편차가 있었다. 또 동아시아의 한자문화권은 한자라는 공통적 기반을 갖고 있었지만, 그 내면을 들여다보면 각 지역, 각 국가별로 중국문화의 수용양상이 서로 달랐다. 주변부 중에서도 후발 국가였던 신라나 고대일본의 경우에는 고구려의 일차적인 한자문화 수용방식에 상당한 영향을 받은 이차적인 변용이었다. 심지어 한자의 훈과 음을 이용해 새로이 만든 문자체계인 신라의 '이두(吏讀)'나 고대일본의 '가타카나(片假名)'도 그 기원은 고구려의 표기법에서 찾을 수 있다.[2]

　이는 한자 · 한문만이 아니다. 중국문화의 수용과 변용에 나타나는 주변부의 내재화 과정은 매우 역동적이며, 일원적으로 설명할 수 없다. 예를 들어 고구려와 백제는 둘 다 낙랑 · 대방군(樂浪 · 帶方郡)을 통해 비슷한 시기에 중국문화를 받아들였지만, 율령(律令)의 수용과 변용과정에 큰 차이가 난다. 예를 들어 척도제의 경우, 백제는 중국과 큰 차이 없이 후한척(後漢尺), 남조척(南朝尺), 당척(唐尺)을 차례대로 수용하여 그대로 사용하였지만, 고구려에서는 후한척을 변형시킨 '고구려척(高句麗尺)'을 새롭게 창안하였다. 또 이들보다 후발국이었던 신라와 고대일본은 중국의 척도제를 그대로 수용했던 백제적 방식이 아니라, 오히려 주변부인 고구려가 만든 고구려척을 일차적으로 수입했다.[3] 이제 이 고구려척의 탄생과 수용을 통해 고대동아시아세계의 형성과정을 새롭게 이해하여 보자.

----

2) 신라인들은 7세기 말 이전에 이미 자신의 말을 완벽한 문장으로 표현할 수 있었다. 신라에서는 문장의 끝에 '之(-다)'를 기록하여 종결형어미를 표현했던 고구려식의 이두 표기법을 한 단계 발전시켜 '과거형어미(在)', '존경형어미(賜)' 등도 표현하였다. 예를 들어 우리말로 '이루었다'는 '成在之'로, '보셨다'는 '見賜在之'로 기록하는 방식이다. 한편 고대일본에서는 신라의 이두를 더욱 발전시켜 일자일음(一字一音)의 문자체계로 승화시켰다.
3) 윤선태, 「한국고대의 척도와 그 변화 -고구려척의 탄생과 관련하여-」, 『국사관논총』98, 2002.

III. 고구려척문화권(高句麗尺文化圈)의 역사적 의의

고구려가 광활한 영토의 정복자라는 것은 누구나 알고 있지만, 그 드넓은 세계가 어떻게 고구려라는 하나의 울타리 속에 통합되고, 장기간 지속될 수 있었는가에 대해서는 고민하지 않는다. 고구려의 철갑기병 등 뛰어난 군사적 능력 때문이라고 답할 사람이 많겠지만, 무력 정복은 제국이 만들어지는 과정에 불과하다.

제국을 하나로 유지하기 위해서는 주변부가 중심의 권위를 용인하는 지배질서의 문명적 고양이 필요하다. '고구려척'은 바로 그러한 고구려 천하의 새로운 문화적 표준으로 기능한 척도였다. 길이의 표준, 부피의 표준, 무게의 표준 등을 정하고, 그 표준량의 간단한 배수치(倍數値)로서 물량을 표현하는 '도량형(度量衡)' 제도는 각 지역의 이질적 문화를 하나로 소통시키고, 통합시킬 수 있는 힘을 갖고 있다.

'고구려척'은 우리측 자료에는 없고, 고대일본의 율령 주석서인 『영집해(令集解)』에 일본 고대율령의 양전척(量田尺)으로 기록되어 있다. 이 척도제는 713년에 의해 폐지될 때까지 지속되었다.[4] 물론 『영집해』에는 '고려척(高麗尺)'으로 되어 있다. 그러나 이 '고려(高麗)'는 고구려(高句麗)를 의미하기 때문에, 후대 고려(918-1392)와의 오해를 피하기 위해 여기에서는 '고구려척'으로 통칭하였다.

이 고구려척은 1905년 일본의 저명한 고대건축사가인 세키노 타다시(關野貞)에 의해 일본 호류지(法隆寺) 창건에 사용된 척도로 근대 이후 재등장한다.[5] 그는 호류지의 창건에 당시 '고구려척'으로 불리어졌던 1.176曲尺(35.6cm)이 영조척(營造尺)으로 사용되었다고 주장하고, 한

4) 『令集解』卷12, 田令, '凡田' 條(『新訂增補 國史大系』 23卷, 吉川弘文館, 1943, p.345)
5) 關野貞, 「法隆寺金堂塔婆中門非再建論」, 『建築雜誌』 218, 1905.

국의 평양에 '기자정전(箕子井田)' 이라고 전해져오던 유적을 직접 측량하여, 이 역시 고구려척으로 만든 고구려의 도시유적임을 확인하여, 고구려척의 실재를 입증하였다.[6]

또한 그는 고구려척을 동위척(東魏尺)으로 보고,[7] 동위척이 고구려를 거쳐 고대일본에 전래되어 '고구려척' 으로 불리어지게 되었다고 이해하였다. 이후 후지다(藤田元春)는 북방민족이 사용하였던 장척이 남북조시대에 중원(中原)에 들어와서 사용되었는데, 이것이 요동을 거쳐 동방으로 전해져 고구려척이 되었고, 서방으로 전해져 동위척이 되었다고 보았다.[8]

그런데 이러한 연구사에서 주목되는 것은 '고구려척' 이라는 척도명칭에 각인(刻印)되어 있는, '고구려' 라는 존재에 대해서는 어느 누구도 특별한 관심을 가지지 않았다는 점이다. 대체로 이들 연구에서 고구려는 단지 동위척이 고대일본으로 전파되는 길에 있었던 하나의 국가에 불과하였다. 그들의 관심은 오로지 중국과 일본 간의 관계뿐이었다.

그러나 이 '고구려척' 이라는 명칭은 그것을 수용한 고대일본 자신의 표현이라는 점에서, 그러한 척도제를 받아들인 일본의 주체적 계기를 이해할 수 있는 핵심 키워드라고 생각된다. 고구려는 중국의 척도제와 길항(拮抗)하면서도 독자의 '문화적 표준' 을 창출했다. 도량형을 통일하면, 같은 지역 안에는 세금 수취나 상거래가 간편하고 공정하게 이루어진다. 더욱이 과학기술도 일정하고 표준화된 수치로 표시되어, 타 지역으로의 전파가 가능해진다. 고구려의 선진문화는 도량형의 표준과 함께 후진국으로 전파되었다. 이는 '고구려척문화권' 을 통해 잘 알 수 있다.

6) 關野貞,「高句麗の平壤及び長安城に就いて」,『史學雜誌』39-1, 1928 ;『朝鮮の建築と藝術』, 岩波書店, 1941, pp.345~370.
7) 狩谷木夜齋,『本朝度量權衡考』, 冨谷至校注, 東京 現代思潮社, 1978, p.35.
8) 藤田元春,「尺度綜考」, 東京 刀江書院, 1929, pp.53~82.

오늘날 우리는 '미터법'을 우리의 표준척도로 삼고 있다. 미터법은 우리가 수용했던 서구문명 중의 한 요소에 불과한 것이 아니라, 서구문명에 문화적으로 예속, 포섭된 우리의 정치 현실을 보여준다.

그런데 고대에는 신라, 고대일본 등을 포함하는 동북아시아세계가 35.6cm를 1척(尺)으로 하는 고구려의 척도를 수용하여 자신의 표준 척도로 사용하였다. 고구려척문화권은 단순히 고구려척이 탄생하고, 전파·수용된 국가군(國家群)을 의미하지 않는다. 고구려척문화권은 고대동아시아세계가 어떻게 소통(疏通)하고, 어떻게 형성되었는가를 보다 구체적으로 보여주는 프리즘(prism)이다.

고구려척문화권은 고대동아시아세계가 중국문화 일색이 아니라 주변부에 의해 변용된 다양한 색깔의 문화를 내포한 시공간이었음을 알려준다. 또한 세계의 형성에 중심부보다는 주변부인 고구려가 오히려 능동적인 역할을 수행하였음도 알려준다.

고구려는 지정학적으로 중국문화 수용의 최전선에 위치하며, 다른 어떤 지역보다도 가장 일찍부터 중심세계와 접촉하였다. 이로 인해 고구려는 보다 후발적인 신라나 고대일본에게는 중국문화 이해의 통로로서 기능하였다. 신라와 고대일본은 직접 중심문화를 수용 번안한 것이 아니라, 이미 중심문화를 번안해 자기화한 고구려문화를 수용하고 또 그것을 2차 변용하는 방법으로 중국문화와 소통하였다.

고구려문화에는 중국문화의 주체적인 변용과 그 정착과정이 농축되어 있기 때문에, 이를 중국문화와 비교하면, 후진적 단층이 확연히 드러난다. 그러나 이러한 단층은 고구려가 내적으로 체제의 보존과 유지를 위해 주체적으로 실험한 결과물이라는 점에서, 후발 주변나라에게는 오히려 중심문화를 안정적으로, 압축적으로 받아들일 수 있는 토대로 작용하게 된다. 즉 짧은 시간 내에 주변부가 중심문화를 소화하면서, 후진적 단층과 문화적 낙차를 극복해나가게 된다. 이는 고대동아시아문화의 보편성 창출로 이어진다.

7~8세기에 들어와 신라와 고대일본이 당대척으로 척도제를 일원화하고, 당의 율령체제에 접근할 수 있었던 것도 일차적으로 이러한 고구려 척문화권 속에서, 비록 변용 번안된 형태로나마 중심문화와 소통하였던 경험이 주요하였다고 생각된다. 결국 고구려가 경험하고 응축해놓은 문화적 단층은 후발 주변부가 중심세계에 다가가는 손쉬운 계단이었다.

이처럼 고대동아시아세계의 보편문화는 중국에서 주변부로 일방적인 문화전파를 통해 형성된 것이 아니다. 중심에서 주변으로의 문화 확산에 못지않게, 주변사회 내부의 상호 역동적인 중심문화에 대한 이해와 변용과정이 절대적으로 필요했다. 이를 잘 보여주는 것이 바로 고구려척문화권이다.

이제 끝으로 당과 신라가 격돌했던 나당전쟁의 전개과정을 구체적으로 살펴보면서, 세계의 형성뿐만 아니라, 세계의 체제와 질서의 형성에서도 주변부가 차지하는 역사적 위상을 재점검해보려고 한다.

Ⅳ. 나당전쟁 다시 읽기

5호(五胡)의 침입으로 300년 가까이 분열되어 있던 중국이 수·당에 의해 다시 통일되면서 7세기의 동아시아 세계는 새로운 소용돌이에 휩싸였다. 특히 당은 630년에 동돌궐을, 635년에는 토욕혼을, 646년에는 설연타를 차례로 정복해 몽골고원의 여러 유목 국가의 항복을 받았고, 640년에는 고창국마저 멸망시켜 투르키스탄 지역의 내륙 아시아 국가들에도 세력을 미치게 되었다.

수·당 중심의 세계질서에 맞서 번신(藩臣)의 예를 끝내 거부한 백제와 고구려마저도 각각 660년과 668년에 정복되었다. 이러한 수·당 제국의 등장에 대해 동아시아에 새로운 세계질서가 형성되었다고 이해하는 것이 기존 학계의 일반적인 시각이다. 그러나 이는 수・당이 표방한 그들만의 주장을 되풀이하는 것에 불과하다. 이러한 세계질서는 주변 세계가 용인하지 않은 강압이었을 뿐 '질서'라고는 할 수 없다.[9]

수・당 제국이 성립한 이후 나당전쟁까지는 사실 '전쟁의 시대'로, 수・당의 힘 앞에 명멸해간 숱한 국가와 족속이 있었다. 이러한 전쟁의 시대를 세계 질서가 성립한 체제로 묘사할 수는 없다. 더욱이 당시에는 당의 세계 지배 야욕에 반대하고, 강력하게 도전한 주변 세계가 엄존하고 있었다. 동북아 지역에서 신라와 당의 전쟁이, 서역에서는 토번과 당의 전쟁이 바로 그것이다. 또한 돌궐, 위구르 같은 주변의 여러 나라와 민족이 교대로 강성해져 당을 위협한, 이른바 '세계의 연환성(連環性)'을 확인할 수 있다.

나・당 연합군의 대공세로 고구려는 668년 9월에 멸망한다. 그러나 신라는 고구려의 멸망을 기뻐할 수만은 없었다. 이보다 앞서 당은 663년 신라 영역을 '계림주'로 삼고, 문무왕에게 신라 왕호 외에 추가적으로 '계림주 대도독'이라는 관호를 내렸다. 이는 동맹국인 신라까지도 당나라의 일개 지방으로 삼으려는 속셈을 드러낸 것이다.

『일본서기(日本書紀)』와 『속일본기(續日本紀)』를 보면 668년부터 700년까지 신라가 25회에 걸쳐 매우 빈번히 일본에 사신을 파견했던 사실이 확인된다. 그 시작은 고구려가 멸망하기 바로 1개월 전부터였다. 신라사절단의 대표도 대아찬 이상의 진골 귀족이나 고위 인사가 많았고, 대규모 선물 공세도 이어졌다. 이는 신라가 혹시 있을지도 모를 당과의 전쟁에 대비해, 신라의 등 뒤에서 칼을 꽂을 수 있는 일본을 자신

---

9) [세계의 연환성] 중심국가가 주변세계를 완전히 제압할 수 있는 강력한 구심력이 없어, 세계가 다원적인 중심을 상호 인정하고 공존하며, 이로 인해 장기간에 걸쳐 세력균형의 상태가 유지되는 형국. 이때 '연환'은 일방향적인 중심과 주변의 관계가 아니라, 다원적인 중심이 상호 견제하는 방식으로 연관되어 있다는 뜻.

의 편으로 묶어두기 위한 외교적 노력이었다. 사실 나당전쟁은 이처럼 치밀한 신라의 외교 전략으로 뒷받침되었기 때문에 신라의 승리로 끝마칠 수 있었다.

668년 당나라는 평양에 안동도호부를 설치하고 고구려 지역을 자신의 영역으로 삼았다. 고구려가 멸망하자 그간 잠재해 있었던 백제의 영토에 대한 귀속을 둘러싸고 신라와 당 사이의 갈등이 전면에 표출되었다. 신라는 고구려 멸망 직후부터 공공연히 백제 고지로 진격하여 이를 접수하는 한편 고구려 부흥운동군을 포섭하여 대당항전에 이용했다.

마침내 신라는 670년 고구려 부흥운동군과 합세하여 압록강을 건너 당군의 전초부대였던 말갈 기병을 격파한다. 이후 8년에 걸쳐 전개된 신라와 당의 전쟁은 이렇게 신라가 먼저 대제국이었던 당나라를 공격하면서 개시된다. 약자가 왜 먼저 전쟁을 선택하였던 것일까? 그 해답은 신라인의 눈에 나당전쟁과 연환(連環)되어 있었던 서역의 '토번(土蕃)'이 포착되었기 때문이다. 나당전쟁은 실로 서역의 전황과 톱니바퀴처럼 맞물려 돌아갔다.[10] 나당전쟁에서 신라가 승리한 가장 중요한 요인은 토번의 등장을 적극적으로 활용한 신라 외교력이었다.

당이 전력을 백제와 고구려 전선에 기울이자, 서역에서는 토번이 성장해 친당 세력인 토욕혼을 누르고, 실크로드를 장악해버렸다. 669년 9월 토번이 천산남로를 급습하자, 670년 설인귀가 이끄는 한반도 주둔 병력이 청해에 투입되었다. 이로 인해 요동이나 한반도 북부 지역의 당군은 상당히 위축되었고, 670년 3월 신라군은 압록강 이북까지 작전 반경을 넓힐 수 있었다. 670년 7월 청해 지역에서 설인귀가 이끄는 10만 명의 당군이 대비천(현재 중국 청해성 공화현靑海省 共和縣 부근) 전투에서 전멸 당하자, 그 해 같은 달에 신라는 백제 대부분 지역을 장악해버린다.

---

10) 서영교, 『나당전쟁사연구』, 아세아문화사, 2006.

672년 4월 토번의 사절이 장안에 도착하여 당 고종과 측천무후를 접견하고, 양국 간에 화해의 분위기가 무르익어가자, 같은 해 8월 당나라는 전력을 신라에 투입할 수 있게 된다. 당나라 장군 고간(高侃)이 이끄는 정예기병은 석문(石門 현 황해도 서흥)에서 신라 중앙군단을 거의 전멸시켰고, 나아가 같은 해 12월에는 고구려 유민이 지키고 있던 백수산을 당군이 공격하여 함락시키고 이를 구원하려고 온 신라군마저 격파했다.

673년 겨울까지 당군의 공격은 계속되었다. 그러나 673년 12월 토번이 궁월(弓月) 등 천산지역의 서투르크 제 부족을 충동하여 천산북로를 봉쇄하려 하자, 나당전쟁은 674년 전 기간과 그 이듬해 2월까지 14개월 동안 소강상태에 들어간다. 670년 토번에게 천산남로를 상실한 당은 그 대안으로 천산을 북쪽으로 우회하는 천산북로를 이용했는데, 이것마저 위협 당하자 이 루트의 방어에 전력을 기울이게 되었던 것이다.

674년의 전쟁 소강은 신라가 전열을 재정비할 수 있는 소중한 기간이 되었다. 신라 조정은 친당 귀족들을 숙청하고 여·제의 귀족들에게 관작을 주고 일부 고구려 유민 집단을 익산 지역인 금마저로 옮겨 살게 하여 자치국으로 인정하는 등 여·제 유민에 대한 포섭에 힘쓰면서 당군과 장기전을 벌여나갈 준비를 한다. 당의 기병에 대비한 장창 부대, 쇠뇌 부대를 정비 확대해나갔고, 길목마다 요충지에 산성을 굳건히 세워 당의 침공에 대비했다.

675년 1월 토번의 사절이 장안에 와서 평화회담을 진행시키자, 그 해 2월 당군은 한반도에 재침해 왔다. 유인궤가 이끄는 당군은 임진강 이남까지 남하하여 칠중성을 대파하고 그곳을 전진기지로 삼아 매소성(매초성, 현 경기도 양주)까지 장악했다. 그러나 전쟁의 대세는 675년 신라군이 당나라의 육군 20만 명을 매소성에서 대파하고, 이듬해 전세를 만회하고자 서해안으로 침공하려는 당의 수군을 금강 하류지역인 기벌포에서 격멸함으로써 신라 측의 승리로 결정되었다. 신라의 전쟁 대비도 완벽했지만, 한편으론 신라와 다른 한편으론 토번과, 이 양쪽 모두와 전쟁을 수행할 수밖에 없었던 당의 딜레마가 없었다면, 신라는 나당전쟁에서 승리할 수 없었다. 당은 토번에 발목이 잡혀, 신라에 격침되었고, 결국 일원적인 세계 지배의 야욕도 거둘 수밖에 없었다.

기존 학계는 고대 동아시아 세계체제의 변모 과정에서 과도기의 상황을 이미 체제가 완성된 것으로 오인했다. 이러한 시각은 당시 세계 질서를 구성한 동등한 요소인 '중심'과 '주변'에 대해 균등한 눈길을 주지 않은 편향된 관점이다. 5~6세기와 마찬가지로 7세기 이후의 동아시아 세계 질서는 중심과 주변의 세력 균형 속에서 서로 유지되었다. 이는 발해의 성립으로 더욱 구체화되지만, 이러한 세계 질서 성립의 단초는 분명 나당전쟁에서 당을 격멸했던 신라의 승리에서 찾아야 할 것이다.

나당전쟁은 수 · 당과 고구려 전쟁의 연장선상에 위치하며, 고대 동아시아 세계 질서의 확립에 가장 지대한 영향을 끼친 사건이었다. 나당전쟁은 신라가 단순히 당을 축출한 것에 그치지 않았으며, 세계의 중심, 곧 중국을 자처한 당의 일원적 세계 지배 야욕을 좌절시키고, 이후 당과 주변 세계의 공존이라는 새로운 세계 체제를 이끌어낸 국제전이었다. 그런 측면에서 볼 때 발해의 건국도 사실은 나당전쟁을 승리로 이끈 신라로 인해 가능했던 것이다.

V. 글을 마치며

다시 한 번 강조하지만, 역사는 역사가에 의해 만들어진 과거다. 서구와 일본 제국주의자들이 만들어놓은 중심위주(中心爲主), 우승열패(優勝劣敗)의 '사회진화론'적 역사인식으로부터 하루빨리 벗어나야 한다.

이를 위해서는 중심과 주변사회에 대한 인식의 전환이 필요하다. 중심과 주변은 우열(優劣)의 관계가 아니다. 중심과 주변은 세계를 구성한 동등한 성원(成員)이다. 중심도 세계의 일지역(一地域)에 불과하다. 문명은 중심에서 탄생했지만, 그러한 문명을 변용하고 소화하였던 주변부의 주체적인 활동이 없었다면 세계의 보편문화는 애초에 성립할 수 없었다. 앞서 살펴본 '고구려척문화권'이 이를 잘 보여주었다.

또 나당전쟁을 통해 알 수 있었듯이, 세계의 질서는 항상 중심과 주변의 세력 균형 속에서 유지되었다. 기존 학계는 고대 동아시아 세계 체제의 변모 과정에서 전쟁의 과도기 상황을 이미 세계의 체제와 질서가 완성된 것으로 오인했다. 전쟁의 시기를 질서로 본다는 것은 인간에 대한 모욕이다. 이제라도 세계를 구성한 동등한 두 요소인 '중심'과 '주변'에 대해 균등한 눈길을 주어야만 한다.

한국의 역사와 문화 그리고 제주

해양 실크로드와 제주

이희수 한양대학교 문화인류학과 교수

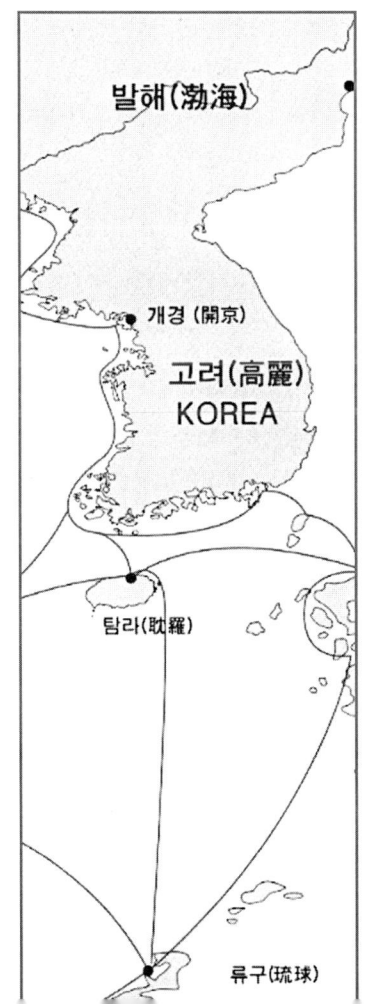

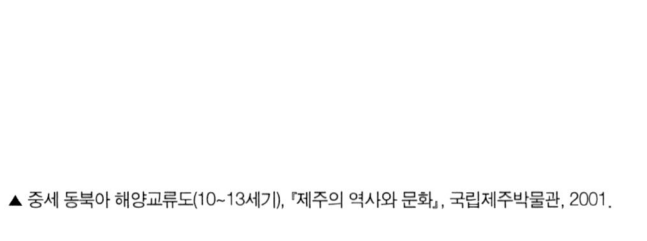
▲ 중세 동북아 해양교류도(10~13세기), 『제주의 역사와 문화』, 국립제주박물관, 2001.

해양 실크로드와 제주

Ⅰ. 한반도로 향하는 해양 실크로드

바다에는 길이 있다. 교역의 길이다. 사람이 다니니 문화의 길이 된다. 부와 풍요를 꿈꾸는 사람들은 미지의 세계에 대한 모험심으로 새로운 시장을 찾아 항해를 한다. 배를 만들고 오랜 경험과 과학적 지식으로 물길을 찾고, 또 미세하게 변하는 하늘이라는 무대를 통해 천문학적 원리를 터득하고 방향을 잡아 새로운 세상을 찾아내었다. 새로운 시장을 찾았을 때 성취감은 그 어떤 것과도 바꿀 수 없는 쾌감과 교역을 위한 매력이었다. 수십에서 수천배에 달하는 이익이 기다리고 있었기 때문이었다. 오만의 인도양 연안 지구 살랄라(Salalah)에서 선적한 유향이 로마 시장에서 2천배의 가격으로 거래되었다니, 누가 이 매혹적인 모험에 뛰어들지 않을 수 있겠는가. 가장 첨단의 생각을 가진 사람들이 펼치는 경쟁적인 바닷길개척은 동시에 문화 전파의 결정적 계기가 되었다. 종교, 신화, 사상, 기술, 패션, 문학, 학문, 정보가 총체적으로 전달되고 수용되었다. 그들은 적어도 8세기부터 신라사회로 밀려들었다. 그리고 때로는 남하하여 제주에까지 빈번하게 들릴 수 있었다.

무엇보다 한반도와 일본 주변에는 필리핀에서 태국, 동중국해, 일본 오키나와(沖繩) 해안, 도쿄(東京)만, 태평양으로 흐르는 쿠로시오해류가 있다. 때문에 바닷물의 전체적 흐름이 한반도에서 일본을 향한다. 쿠로시오 해류는 제주 남쪽에서 해류가 갈라지며 한반도 쪽으로 흘러들기도 한다. 중국 동남부 해안가에서 출발한 바닷길 교역에는 이처럼 흑산도에서 도착한 후, 해류를 따라 제주도 근해까지 교역선이나 상인들이 진출했던 것은 분명해 보인다. 아랍 지리학자 이드리스가 편찬한 세계지도에 한반도를 6개의 섬으로 묘사하고, 그 후 많은 아랍 - 페르시아 지리학자, 역사학자, 백과사전 편찬자들이 신라로 가는 길목을 6개의 섬으로 묘사하고 있다는 것은 제주 입항 가능성을 충분히 시사해 준다.

사막과 오아시스가 교차하는 아랍사회에는 밤의 문화가 펼쳐진다. 사막은 위협과 죽음의 공간이고, 오아시스는 안식과 삶의 공간이다. 사막을 끌어안고 살아가는 아랍인들에게 태양은 물을 앗아가고 풀을 말라죽게 하는 무시무시한 적일 뿐이다. 그것은 도저히 이길 수 없는 불가항력이다. 그래서 그들은 태양이 떠 있는 낮 동안에는 일을 멈추고, 조용히 숨죽이고 밤을 기다린다.

아랍사회에서 하루를 시작하는 기점은 일몰이다. 다음날 일출과 함께 하루는 마감된다. 밤이 찾아오면 그들은 생기를 되찾는다. 요리를 하고 축제와 잔치를 벌이고, 멀리 교역을 떠나는 행렬이 출발 준비를 한다. 뜨거운 햇볕이 내리쬐는 한낮의 대상이동은 자살행위나 마찬가지다. 일몰이 되어 출발하는 대상행렬은 다음날 해가 중천에 뜨기 전까지 목적지에 도착하거나 최소한 그늘과 물이 있는 중간 기착지를 찾아야 한다. 아무것도 표식도 밤의 지평선에서 그들은 별자리를 보고 방향을 정한다. 그리고 정확한 계산을 한다. 조금이라도 계산이 잘못되어 방향을 잃게 되면 모두의 생명이 위협받는다. 고대 오리엔트와 그 전통을 이은 아랍에서 천문학이 발달할 수 밖에 없는 이유다. 다음날 해가 더위를 품기 시작하기 전까지 목적지에 도착해야 한다. 만약 지평선내에 계산한 목적지가 들어오지 않으면 생존오차를 벗어난 것이다. 따라서 그들에게 천문학이란 인간의 삶을 발전시키는 학문만은 아니다. 이것은 죽고 살고가 달린 생존의 학문이다. 천문학이란 영어단어 'ASTRONOMY'

아랍어인 것은 어쩌면 당연하다. 점성술 'ASTROLOGY'도 아랍어다. 천문학이 첨단과학이라 한다면 점성술은 정신과학이다. 생존오차에 대한 불안감을 덜어주기 위해 점성술이 함께 발달한 셈이다.

그리고 보니 이슬람국가의 국기들을 보면 거의 모두가 별과 달을 그리고 있다. 57개 이슬람 국가들 중에 태양을 그리는 나라는 거의 보이지 않는다. 밤의 문화 속에서 별과 달은 그야말로 삶의 지침이며, 생명의 상징이며 나아가야 할 미래의 방향과 등대이기 때문일 것이다. 이처럼 문화란 얼핏 보면 매우 형이상학적이고 모호하고 관념적인 개념같지만, 자세히 그 하부구조를 분석해 보면 방정식 풀어나가듯이 정교한 법칙을 가지고 있는 경우가 많다.

II. 문화속도와 동시패션

문화속도문제만 해도 그렇다. 그것은 사람의 이동거리, 이동속도와 정확히 일치한다. 기원전부터 실크로드라는 길이 뚫리면서 사람들이 다니고, 그들에 의해 물자와 제품만이 아니고 기술, 무기와 함께 예술과 정보, 종교와 사상이 함께 퍼져갔다. 문화의 속성에는 학습되고 축적된 정보가 빠른 속도로 전파하게 된다는 인류학 개론 이야기를 꺼내지 않더라도 이미 고대 실크로드를 통한 문화전파는 우리의 상상을 뛰어넘어 정도로 빠르게 전파되어 갔다.

고대 문화교류는 이처럼 동시대 감각으로 매우 빠르고 광범위하게 진행되었다. 아랍-페르시아 상인들의 신라 진출이 본격화되는 8~9세기경에는 세계적 대도시인 〈비잔틴제국의 수도 콘스탄티노플 - 이슬람제국의 수도 바그다드 - 당나라 수도 장안 - 신라 수도 경주〉간에는 문화적으로 거의 동시패션시대가 열리고 있었다. 콘스탄티노플의 상류사회 왕족들이 사용하던 장식품이나 공작새 꼬리털, 비취모, 공예품, 보석류, 여성 소품들과 장신구, 바그다드 일대로부터 전해진 여러 용도의 페르시아 카페트, 모직 말안장, 카페트 장식품, 아라비아의 유향과 몰약, 옥빛과 에메랄드 제품, 유리제품, 금속 수공예품 등이 중국 장안을 거쳐, 혹은 이슬람 상인들의 직거래를 통해 신라수도 경주에까지 활발하게 전달되었다. 그리고 화려하고 진귀한 수입품과 사치품들은 신라 귀족사회의 고급문화를 일구어냈다. 경주고분에서 발굴되는 무수한 서아시아계 출토품들과 삼국사기 기록에 보이는 아랍상인들의 교역품 목록들이 이에 대한 좋은 예가 된다.

〈동시패션시대〉라 함은 콘스탄티노플에서 경주까지 전달되는 고부가의 교역품 수송기간이 낙타를 이용한 육상실크로드와 바닷길을 통해서 6개월이면 가능했다는 뜻이다. 교역품의 가치를 극대화하려는 옛 상인들의 열망은 가장 경제적이고 가장 빠른 방법으로 번영을 구가하는 경주시장에 다른 상인들과 속도경쟁을 벌이며 도착할 수밖에 없었을 것이다. 물론 육·해상 교역 모두 전속력으로 한 목표시장을 향해 달리는 경우보다는 중간 기착지에서 수많은 교역을 계속하면서 필요한 상품들이 필요한 지역으로 운반하였다. 콘스탄티노플에서 경주에 이르는 9,000km의 실크로드를 중간 중간 대상숙소의 상황과 낙타의 이동속도, 고대 교역에 대한 역사적 사료 등을 감안하면, 육로로 6~8개월 정도라는 계산이 나온다.

낙타는 400kg 이상의 짐을 적재하고 물이나 식량의 보급 없이 400km를 이동해가는 놀라운 수송력을 지니고 있다. 뜨거운 사막을 횡단하는 대상이나 새로운 오아시스 생태계를 찾아 떠나는 아랍 유목사회에서 낙타는 필수불가결한 사막의 동반자이다.

III. 코스트 계산과 문화의 이동 통로

서아시아나 유라시아 일대의 문화적 요소들이 한반도로 유입되는 통로는 크게 세 갈래 길이 있었다. 기원전 8~9세기경 청동기 문화는 스텝 실크로드를 따라 한반도까지 퍼져갔다. 흔히 스키타이문화로 동물 대칭형 장식과 청동기 문화 루트가 이곳이다. 기원전 1세기부터 6세기 까지는 육상의 오아시스 실크로드가 각광을 받았다. 기원전 1세기 장건이 실크로드를 처음 경영한 이래 중국과 서방을 잇는 문화교류는 오아시스 루트를 이용했다. 7~10세기경에는 바닷길이 선호되었다. 오아시스 루트에 정치적 불안과 국가가 난립하면서 오호16국 - 남북조 시대라는 대혼란의 시기에 오아시스를 가로지르는 문화전파는 생산 코스트가 너무 비쌌다. 그래서 아무런 제약도 받지 않고 모두가 공해인 해로가 선호되었다.

종래에는 육상 실크로드에만 주된 관심을 갖는 경향이 강했는데, 육로 못지 않게 서아시아 문화의 한반도 유입에는 바닷길이 결정적 통로 역할을 했다. 고대부터 뚫려있던 바다라는 무한의 가능성을 통해 사람이 왕래하고 기술을 주고받으면서 한반도는 세계적인 변화의 물결을 온몸으로 받아들이는 위치에 있었다. 걸프해에서 출발한 아랍선단은 6개월 후면 중국 동남부 해안에 도달하고, 그곳에 정착해 살면서 공동체를 이루었다. 때로는 중국 해안가에서 또 때로는 인접의 한반도로 직접 내왕하면서 아시아의 끝과 끝은 그 때부터 서로 나누고 친분을 맺은 사이가 되었다. 통일신라 이전까지는 주로 육상의 오아시스 실크로드가 선호되었던 반면에, 8세기부터는 중국 동남부 해안과 한반도간의 직접적인 해상교역이 더욱 활발해진 것으로 보인다. 더욱이 8세기 장보고의 해상세력이 중국 - 한반도 - 일본을 잇는 동북아경제권을 완전히 장악하고 있었기 때문에, 신라와 아랍상인들간의 교류는 주로 중국에서의 간접교역이 주가 되었다. 그러나 장보고 세력이 몰락하고 시장질서의 교란이 일어나는 9세기 중반 이후에는 아랍상인들의 직접적인 한반도 진출이 빈번하게 일어나기도 했다. 아랍 사료의 기록이 빈번히 등장하고, 구체적인 교류의 흔적이 감지되는 시기와도 맞아떨어진다.

IV. 해상로의 전개와 무슬림 상인들의 중국 진출

1498년 5월 22일, 바스코 다가마는 아랍인 항해사 아흐마드 빈 마지드(Ahmad Bin Madjid)를 앞세워 아프리카 남단 희망봉을 돌아 인도 서부 캘리컷에 도착했다. 이어 1492년에는 인도를 향해 출발한 콜럼버스가 항해술의 미숙으로 아메리카 대륙에 도달함으로써 유럽인들의 화려한 대항해시대가 열렸다. 중세의 긴 암흑의 터널에서 새롭게 유럽이 깨어나는 역사의 전환점이 마련된 셈이다. 그러나 소위 지리상의 발견과 대항해시대는 어디까지나 유럽인들에게 국한된 지극히 서구중심적인 생각이고 역사인식이었다. 그들이 아직 지구의 천동설과 지동설의 논쟁에 목숨을 걸고 있을 때, 인도와 동남아시아를 중심에 두고 아라비아와 중국 동남부 사이에는 일찍부터 바닷길이 열려있었다. 앞선 항해기술과 계절풍을 이용하여 내해처럼 아라비아해와 인도양을 가로 질렀다.

중국의 자료에 의하면 이미 3~4세기경 중국의 거대한 정크선이 중국 해안을 출발하여 걸프해로 향하고, 나아가 강을 따라 유프라테스와 티그리스 상류까지 항해했다는 기록이 보인다. 아랍사료에도 5~6세기경 중국의 선박들이 걸프해의 시라프항까지 도달했음을 밝히고 있다. 그러나 6세기까지 중국과 아라비아 사이의 해상교역은 중국상인들의 걸프해로의 직접진출보다는 아랍상인들의 중국진출이 압도적으로 빈번했음을 시사해주고 있다. 두 나라 사이의 해상교역은 7세기 이슬람의 성립이후 더욱 빈번해지고 따라서 많은 기록들이 양측의 사료에 적지

않게 등장한다.

걸프해에서 출발한 아랍상인들의 중국진출 항로를 보자. 계절풍이 불기 시작하는 4월초 시라프 항이나 호르무즈 섬에서 짐을 적재한 교역선은 처음에는 대양의 폭풍우와 항로이탈의 위험을 줄이기 위해 잘 알려진 연안항로를 선호하며 중국으로 향했다. 첫 번째 기항지는 통상 걸프해 입구에 있는 오만해협의 소하르(Sohar)나 무스카트 항이었다. 여기서부터 인도까지는 고대 그리스 - 로마 상인들이 이용했던 연안항로보다는 인도양을 가로지르는 대양횡단의 모험항해를 시작해야 한다. 따라서 충분한 물과 식량, 살아있는 소를 싣는다. 그리고는 약 한 달간의 항해 끝에 말라바르 해안을 따라 인도 남서부 항구에 도착하게 된다. 다시 먹을 것과 물을 싣고는 스리랑카 남부 해안을 향하기 위해 인도양 남서부에 있는 니코바르 군도를 목표로 두 번째 대양횡단을 시도한다. 그러면 가장 위험한 코스는 일단 통과하게 된다. 15세기에 쓴 이븐 마지드의 저술에는 인도양 대양횡단대신 파키스탄의 신드를 통해 인도 서해 연안을 따라 남하하는 코스도 소개되어 있다. 스리랑카 남단을 우회한 배는 말레이 반도를 따라 남진하다가 동서 해상교역의 중요한 중간 기착지인 말라카에 도달한다. 이어 싱가포르에 들렀다가 동쪽의 파타니, 성클라를 거쳐 태국의 시암만에 도착하게 된다. 말라카에서 약 10일간의 항행이다. 다시 10~20일쯤 지나 풀로켄도르(Pulocendor)군도에 도달하여 물과 식량의 보급을 받는다. 여기서 한 달쯤 뒤면 캄보디아와 참파를 거쳐 드디어 중국 남부해안의 항구에 도착하게 되는데, 최종적인 목표지는 통상 칸톤(Canton)이라 불리는 광주였다.

1980년 오만 정부는 고대 바다의 실크로드를 재현하기 위해 똑같은 범선을 제작하여 걸프해의 중요한 출항지였던 소하르에서 출발하여 중국의 광주까지 실제로 항해 시험을 한 적이 있었다. 165일만에 건조된 27m길이의 옛 범선은 1981년 1월에 무스카트를 떠나 다음해 7월 11일에 중국 광주항에 도착했다. 6개월에 9,656km를 달린 바다의 대장정이었다. 그것보다 더욱 놀라운 사실은 소하르라 명명되어진 이 범선이 옛 기록에 거의 정확하게 부합하는 항해를 했다는 사실이었다. 오만인들을 주축으로 한 고대 아랍인들의 항해기술과 바다에 대한 정확한 정보가 사실로 입증된 셈이다. 역시 10년이 지난 1990년 11월에는 오만 술탄의 개인 탐사선인 풀쿠 알 살라마(Fulk al-Salama)가 유네스코의 해상실크로드 조사를 위해 베니스에서 우리나라의 부산항까지 고대 교역로를 따라가며 조사를 실시한 적이 있었다. 필자도 한국대표로 승선한 이 탐사에서 고대 항해코스와 교역품, 해류나 항해술 조사를 통해 바다의 실크로드가 거의 완벽하게 복원되었다.

V. 신라로 떠난 아랍상인

1. 바닷길 따라 신라로 온 페르시아 왕자

최근 이란에서 새로 발굴된『쿠쉬나메』란 페르시아 고전 서사시에 의하면 5~7세기경 신라사회의 모습을 생생하게 묘사하고 있다. 아랍에 패한 페르시아 왕자 일행이 해로로 신라사회에 망명하여 신라공주와 결혼을 통해 관계를 맺고 신라의 습속, 산물, 국제관계, 지형 등에 관한 귀중한 정보를 남기고 있다.

2. 치외법권 자치공동체 〈번방〉

무엇보다 아랍상인들의 교역 목표지인 광주항에는 이슬람 시기 직전인 7세기초부터 아랍 - 페르시아 상인들의 집단거주지와 전문상점이 존재했다고 믿어진다. 중국 동남부 해안지역의 상권을 장악한 아랍 - 페르시아계 상인들은 점차 교역권을 넓혀나갔다. 광주에서 출발하여 천주(泉州), 복주(福州), 항주(杭州), 양주(揚州)를 중심으로 하는 5대 국제도시에 대규모 이슬람 공동체를 형성해 갔다. 신라 사람들의 거주지가 '신라방'으로 불린 것처럼, 아랍 - 페르시아인들의 거주는 '번방(蕃坊)'으로 불렸다. 당시 번방의 규모와 영향력은 상상을 추월한 정도로 막강했으며, 해상교역 관련 고위관직에도 많은 수의 아랍인 후예들이 등용되었다. 무슬림들을 위한 자치공동체인 번방에서 그들은 종교적 자유와 행정적 자치를 누렸고, '까디(Qadi)'라는 행정책임자와 '세이크(Sheikh)'라는 종교지도자를 선출하여 이슬람 율법과 고유의 관습을 유지해 나갔다.

당시 국제무역에서 신라인과 무슬림들의 접촉은 더욱 뚜렷이 나타난다. 교역권의 형성을 보면, 대강 양주를 기점으로 북쪽의 '중국 - 신라 - 일본' 교역권은 장보고를 중심으로 한 신라해상세력이 장악하였고, 남쪽의 '중국 - 인도차이나 - 아랍제국'을 연결하는 남해무역은 아랍 - 페르시아 상인들의 수중에 있었다고 보여진다.

두 해상세력의 상권 경계는 중국 동남부 국제항구인 양주였던 것으로 보인다. 놀랍게도 양주에는 드물게 아랍상인들의 자치거주지역인 번방과 신라인들의 행정자치구역인 신라소가 이웃해 있었다. 무역을 위해 험난한 바닷길을 뚫고 당도한 양주에서 아랍상인들이 바로 이웃의 구매력이 있는 국제도시 경주를 놓칠 리가 없었을 것이다. 그리고 양주에는 아랍인들에게 경주에 대한 가장 정확한 상품정보를 제공할 신라인들이 바로 이웃하고 있었다. 따라서 양주를 중심으로 한 중국 동남부 무역항에서 또는 무슬림들의 직접적인 한반도 방문으로 광범위한 물물교환이 이루어졌던 것으로 보인다.

9세기 중엽, 아부 자이드(Abu Zayid), 슐레이만 알 - 타지르(Sulaiman Al-Tajir) 같은 아랍 여행자들이 남긴 기록에 의하면, 876년의 '황소의 난' 기간 중 중국 동남부 해안지대에서만 10만명 이상의 외국인이 살상되었다고 한다. 그 수가 다소 과장되었다 해도 당시 그곳에 정착해 있던 외국인의 절대다수가 아랍 · 페르시아 상인들이었다는 사실에 비추어 무슬림들의 수적 규모를 쉽게 짐작할 수 있다.

　서아시아인 아라비아 일대에서 해로를 통해 많은 아랍상인과 해상세력들이 중국을 거쳐 한반도로 본격적으로 진출하는 시기는 9세기 중반 이후 통일신라시대였다. 장보고의 해상세력이 몰락하면서 동북아 경제권에 대한 헤게모니가 혼란에 빠진 시기와 거의 일치한다. 그러나 두 아시아 문화권의 접촉은 일회성이거나 우연의 일치라기보다는 치밀한 계획과 광범위한 상호탐색을 통해 맺어진 필연적인 결과였다. 예비적인 상호이해와 교류의 장은 중국이었다. 수십만이 몰려사는 중국 동남부 해안과 신라사회와의 광범위한 교역이 본격화되면서 제주도 거대한 국제교역의 새로운 흐름에 예외일 수는 없었다.

　이슬람 상인들에 의한 사치품의 수입과 신라사회의 오염된 도시문화는 결국 한국역사상 최초의 IMF형 위기를 맞이하게 된다. 이슬람 상인들에 의해 주도된 세계각지의 고가품과 사치품이 신라사회에 범람하자, 고삐 풀린 수입개방은 결국 신라경제를 파탄으로 몰고 갔다. 이리하여 흥덕왕 9년인 834년에는 호화 수입 사치품을 금하고 풍속을 바로 잡는 금령이 발표되기도 했다.

VI. 아랍의 기록에 나타난 신라

　고려사의 기록에 훨씬 앞서 이슬람 학자들의 저술에서는 무슬림들의 신라 진출과 신라의 위치, 자연환경, 산물 등에 관한 유의할 만한 기록을 남기고 있다. 9~15세기 사이에 이슬람 역사학자, 지리학자, 여행가들에 의해 집필된 상당수의 아랍어 역사서 및 지리서에서 신라에 관한 언급을 발견할 수 있다. 특히, 이븐 쿠르다드비(Ibn Khurdhadbih)는 신라에 거주하는 무슬림들에 대해 언급한 최초의 이슬람 지리학자였으며 마수디(Mas'udi)는 한반도에 이라크인이 진출, 거주했다고 전하고 있다. 신라의 무슬림들에 대해 특징적이고 유의할 만할 내용을 담고 있는 것은 디마쉬키(Dimashiki), 알 - 누와이리(Al-Nuwairi), 알 - 마크리지(Al-Maqrizi) 등의 저서인데, 이들은 반도에 이우마이야(Umaiya)왕조(661~750)의 박해를 피한 일부 알라위족들이 한반도에 망명한 사실을 밝히고 있다. 따라서 인근 중국 동남부에서의 이슬람문화의 유입과 발전과정을 생각한다면, 신라에 진출한 무슬림들에 의한 종교적 영향, 이슬람문화의 부분적 소개, 또 후일 고려에서의 대규모 무슬림 상인에 의한 이슬람 종교의 도입도 충분히 고려될 수 있다.

아랍인의 신라 진출에 관한 가장 주목할 만한 정보는 846년에 편찬된 이븐 쿠르다드비의 〈왕국과 도로총람〉이다. 아랍인들이 직접 신라로 진출했다는 최초의 기록이 846년에 비로소 나타난다. 바로 그해 장보고가 살해되면서 청해진을 중심으로 하는 그의 해상세력이 붕괴되는 시점이라는 것은 매우 중요한 역사적 의미를 지닌다. 지금껏 동북아 무역을 완전 통제하고 있던 장보고 해상세력과 상권 분점 상태에서 간접 교역을 행하는 아랍인들이 힘의 공백상태에 빠진 한반도 시장을 그냥 내버려 둘리가 없기 때문이다. 바로 열흘의 항해거리에 있던 신라로 직접 내왕하는 것은 지극히 당연한 상인들의 기본적인 속성이었다. 이제 아랍인의 신라진출에 관한 기록도 이 때를 기점으로 빈번하게 등장하는 것이다.

〈왕국과 도로총람〉에서는 두 구절에 걸쳐 신라에 관한 다음과 같은 흥미있는 기사가 실려있다.

"중국의 동쪽 깐수의 맞은 편에 신라라는 나라가 있다. 산이 많고 왕이 많은 나라이다. 그 곳은 금이 많다. 이 곳에서 생산되는 물품으로는 비단, 검, 사향, 노회(알로에), 말안장, 담비모피, 도기, 범포, 육계 등이 있다 … 신라로 진출한 무슬림들은 자연환경의 쾌적함 때문에 영구정착하여 떠날 줄을 모른다 …"

더욱이 신라의 금에 대해 강조하고 있는 이드리스가 1154년에 편찬한 세계지도에는 신라가 5~6개의 큰 섬으로 묘사되어 있다. 아마도 이 지도는 한국에 관한 세계최초의 지도로 평가된다. 이드리스의 세계지도를 포함하여 많은 자료에서 신라가 여러 개의 섬으로 묘사되어 있다는 사실은 무슬림 상인들이 육로가 아니라, 중국 동남부 해안을 떠나 해로로 한반도에 도착했음을 시사해 주고 있다. 그리고, 신라로 출발하는 항구는 자치거주지인 번방이 형성되어 신라인과의 빈번한 접촉이 가능하던 항주나 양주였을 것이다.

더욱 놀라운 사실은 아랍필사본에 나타난 신라관련 기록은 서양학자들에 의해 분류되고 정리된 극히 일부에 지나지 않는 다는 점이다. 아랍지역 도서관에 산재되어 있는 약 200여만권에 달하는 아랍어 고문서 필사본이 제대로 연구되고 분류된다면 신라와 관한 귀중한 자료들이 쏟아져 나올 가능성이 매우 높다.

VII. 바닷길을 따라 온 처용의 등장

삼국유사에 처용이란 심목고비(深目高鼻)한, 눈이 깊고 코가 높은 이방인이 등장한다. 880년경의 일이다. 바닷길을 따라 외국의 진귀한 보물을 가지고 지금의 울산항인 개운포에 나타난 것이다. 외관이 특이하고 지금껏 접촉해 본적이 없는 이방인은 신화의 대상이 되고 악을 쫓는 선신으로 널리 숭상되기 시작했다. 그가 만약 역사적인 실존인물이라면, 당시 교역상황과 바닷길 상업 구도에 비추어 처용은 아랍 - 페르시아계 상인일 것이라는 가능성이 널리 인식되어 왔다.

우리가 한반도에서의 좁은 상황에 얽매이지 말고 눈을 주변으로 당시 동북아와 서아시아의 해상교역을 떠올리면 문제는 의외로 쉽게 해결될 수도 있다. 이런 점에서 876년 발발한 황소의 난은 예삿일이 아니었다. 중앙 정부 관료로의 꿈이 무산된 소금장수 황소가 산동반도에서 난을 일으켜 닥치는 대로 재물을 약탈하고 인명을 살상하면서 해안선을 따라 남진한 것이다. 당시 최대의 피해자는 말할 것도 없이 중국 동남부 해안 도시를 중심으로 번방을 형성하고 교역권을 장악하고 있던 아랍 - 페르시아계 상인집단들이었다. 잔혹한 살해와 약탈이 그들에게 들이 닥쳤다. 살해된 사람만 120,000명에서 200,000명을 헤아린다고 한다. 이 소식을 전했던 사람은 아랍 학자 아부 자이드이다. 물론 그의 기록은 참상을 극대화하기 위해 숫자를 다소 과장했을 수도 있다. 그렇다 하더라도 당시 세계 최대도시 장안의 중심주 인구가 50만으로 본다면 이는 어마어마한 숫자이다. 대규모 이슬람 집단이 공동체를 이루며 중국 동남부 해안에 살고 있었다. 양주, 항주, 복주, 천주, 광주가 이슬람 상인들이 집거하는 5대 도시였다.

이 사건으로 많은 이슬람인들은 생명을 부지하기 위해, 전략적 선택을 하게 된다. 해안도시를 떠나 중국 내륙으로 들어가 중국인으로 살아가는 길을 택한 그룹도 있었다. 그들은 중국성과 이름을 새로 만들고, 의상과 관습에서 중국식을 받아들였다. 오늘날 회족으로 불리는 중국인 무슬림들의 선조가 된 셈이다. 중국화 된 무슬림들은 '마(馬)' 씨로 많이 개명했다. 마호메트(Mahomed), 무함마드(Muhammad), 마흐무드(Mahmud), 마수드(Mas'ud) 등 아랍인들이 가장 보편적으로 사용하는 이름의 시작부분에 '마' 자가 많이 사용되었기 때문이다.

VIII. 무슬림이 남긴 문화유산

이슬람 상인들의 해상을 통한 활발한 교류는 통일신라에 전성기를 이루며 고려중기까지 계속되었다. 고려초에는 '대식(大食)'이란 이름으로 교역을 위해 서해 앞바다를 드나들었다. 그러나 바닷길을 통한 접촉과 교류의 파고는 1259년 고려가 몽골의 간섭을 받으면서 잠잠해지고 대신 육상 실크로드의 전성기가 열리면서 중앙아시아의 무슬림들이 한반도로 몰려오는 새로운 국면을 맞았다. 중앙아시아 위구르 - 투르크계로 추정되는 무슬림(回回人)들은, 몽골의 고려 침공 시에는 몽골군의 일원으로서, 후일 고려의 원나라 지배하에서는 몽골 관리, 역관(譯官), 서기(書記), 시종무관(侍從武官) 등의 직책을 가진 준지배 세력으로서 한반도에 유입, 정착하였다. 그들은 고려 조정의 벼슬을 얻거나, 몽골 공주의 후원을 배경으로 권세를 누렸으나, 점차 고려 여인과의 결혼을 통하여 동화의 과정을 거쳐갔다.

고려에 거주하던 무슬림 회회인들은 왕실과 특수관계를 유지하며 경제적 활동으로 부를 축적해 갔으며, 상당한 사회적 지위를 구축할 수 있었다. 최근 중국 광주 박물관에서 확인된 고려상인 '라마단'의 예에서 보듯이 고려와 중국간에도 무슬림들이 역할이 있었다. 바다교역을 책임지던 고려의 무슬림 상인들의 역할에 비추어 보면 물자공급처로서 몽골에게 특별한 의미를 지니고 있던 제주의 역할도 고려해 볼 수 있다. 고려의 무슬림들은 자신들의 고유한 습속, 언어, 종교 등을 보존하면서 개성 및 인근 도시에 자치공동체를 형성하기도 하였다. 그들은 고려가 망한 후 조선초기까지도 집단생활을 하며, 고유한 전통복장을 입고, 종교의식을 계속해 갔던 것으로 보인다. 특히, 무슬림 지도자들은 궁중 하례 의식에도 정례적으로 참석하여, 꾸란 낭송이나 이슬람식 기도를 통해 국가의 안녕이나 임금의 만수무강을 축원하기도 했다.

한편, 고려말에서 조선초기에 본격적으로 시작된 이슬람권과의 접촉의 결과, 부분적인 이슬람문화가 한반도에 직·간접으로 영향을 끼치게 되었다. 가장 대표적인 것이 혜지라력으로 알려진 순태음력인 이슬람역법(回回曆法)의 도입이다. 세종 때 편찬된 〈칠정산외편(七政算外篇)〉은 역법의 기원과 성격, 계산법에서 이슬람역법인 회회역법의 원리에 따라 우리나라에 도입, 정착된 과학이었다. 히즈라력(이슬람력)의 도입과 사용이었다. 세종이 농업의 획기적 발전을 위해 역법을 정비하고자 했을 때, 종래 중국의 역법은 낡고 오차가 심하여 우리 실정에 맞지 않아 중국에서 회회역법(回回曆法 : 이슬람 역법)을 얻어 그 원리를 깨우쳐 역법을 완비하니, 그것이 순태음력인 칠정산외편(七政算外篇)이다. 다시 말하면 칠정산외편은 세종이 완비한 한국식 이슬람 역법인 셈이다. 그외에도 조선초기에 집중적으로 개발된 과학기기나 의학분야에 있어서도 당시 중국에 도입되어 널리 사용되고 있던 세계 최고 수준의 이슬람과학과 의학의 영향을 강하게 받았다는 흔적들이 있다. 이슬람문화는 음악, 미술, 도자기(回靑의 사용과 靑瓦白磁의 제조) 등 예술분야와 문자(위구르문), 언어(위구르어)에 이르기까지 조선사회에 폭넓게 전파되었다.

IX. 문화법칙을 다시 생각하며

문화는 섞일수록 풍부하다. 고대 신라와 서아시아와의 해로를 통한 문화교류는 매우 적극적이고 광범위하게 일어났다. 당시 국제적 흐름의 중심에서 벗어나 있지 않았던 제주의 역할과 위상도 정교하게 분석하고 새로운 자료의 발굴과 새로운 해석을 통해 밝히는 작업도 박차를 가해야 한다. 동시에 문화의 상호교류성에 따라 해로를 통한 우리 문화의 서아시아 진출도 함께 연구되어야 한다. 해상실크로드의 젖줄을 타고 전해진 고귀한 문화 전통을 제대로 이해하고 그 뿌리를 가지런히 하는 길만이 앞으로 전개될 21세기 다원화 실크로드 시대에 우리 정체성을 더욱 분명히 하고 다른 문화를 온 몸으로 호흡해 자기화 할 수 있는 튼튼한 기틀이 될 것이다.

읽으면 좋은 책들

『한국문화와 실크로드』, 소나무, 2000.
한국이슬람학회, 『바다의 실크로드』, 청아출판사, 2004.
이희수 외, 『이슬람 : 9.11테러와 이슬람세계 이해하기』, 청아출판사, 2003.
이희수, 『한 - 이슬람 교류사』, 문덕사, 1991.
이희수, 『이슬람 문화』, 살림출판사, 2003.
버나드 루이스, 『중동의 역사』, 까치, 1993.
정수일, 『씰크로드학』, 창작과 비평, 2000.

제주도 문자도

정병모 경주대학교 문화재학과 교수

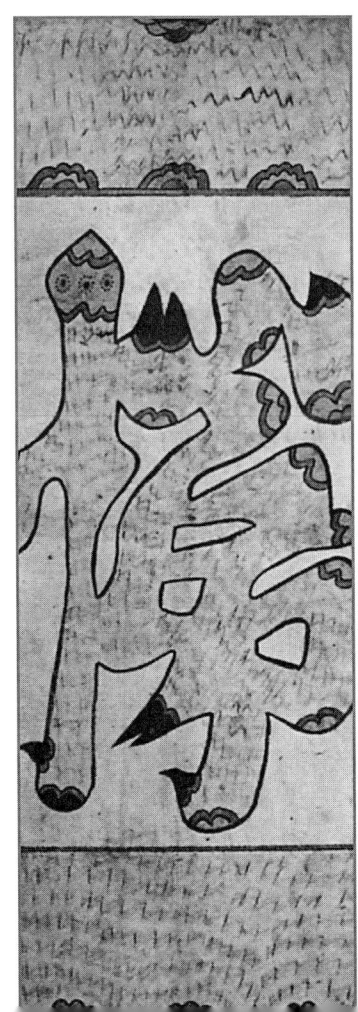

▲ 〈문자도병풍〉, 종이에 채색, 106×37cm, 서울 개인소장

제주도 문자도

Ⅰ. 파리에서 만난 제주도 문자도

2002년 6월 세계가 월드컵의 열기로 뜨거울 때, 필자는 파리 기메동양박물관을 찾았다.(사진 1) 당시 한국실에 전시된 병풍 한 좌가 필자의 눈을 사로잡았는데, 바로 문자도 병풍(사진 2)이다. 이 병풍의 설명

사진 1. 파리 기메박물관

문에는 'Jeju Island' 란 문구가 적혀있다. 제주도에도 이처럼 아름다운 문자도가 제작되었구나! 라는 감탄이 절로 이는 작품이다. 이 일이 끝난 뒤 런던 대영박물관을 찾아가니, 여기에도 우연찮게 제주도 문자도병풍이 전시되어 있었다. 유럽인들이 제주도문자도병풍을 좋아하는가? 필자의 뇌리 속에 이 의문은 떠나지 않았다. 그러고 나서 2년 뒤, 제주도문자도병풍을 본격적으로 연구하기 시작했다. 마침 제주문화연구소 김

사진 2. 2002년 기메동양박물관 한국실에 전시되어 있는 〈문자도병〉

유정소장의 도움을 받아 제주도 문자도병풍 속에 담긴 수수께끼를 하나
씩 파헤치기 시작했다.

제주도 문자도병풍에 대한 관심은 이미 1980년대부터 일본인 사이에
서 일어났다. 우리가 제주도에 민화가 있었다는 사실조차 인식하기 전,
일본인 수집가들은 제주도를 찾았고 서울의 화상들도 이에 합세했다.
그러다보니 정작 지금은 제주도에서 문자도병풍을 찾아보기 힘들 정도
로 동이 난 상태다.

왜 일본인과 유럽인이 제주도 문자도병풍에 지대한 관심을 갖는 것일
까? 그것은 제주도 문자도병풍에서 전통적이면서 현대적인 매력을 느
꼈기 때문이다. 제주도 문자도병풍은 단순하고 그래픽적인 조형세계에
구성적인 면모를 보이고 있어 현대적인 감각이 물씬 풍긴다. 그러면서
도 섬 지역의 감각적인 이미지도 갖추고 있다.

II. 제주도 액자 속에 끼어 넣은 육지 문자도

제주도 문자도는 첫눈에 분간하기 쉽다. 대부분 3단 구성을 취하고 있기 때문이다. 물론 3단 구성뿐만 아니라 4단 구성, 2단 구성, 1단 구성도 있지만, 3단 구성이 주류를 이루고 있다. 3단 구성이란 화면을 수평방향으로 세 부분으로 나누고, 중단의 문자를 중심으로 상하단에 자연, 건물, 기물, 별자리 등을 배치하는 방식을

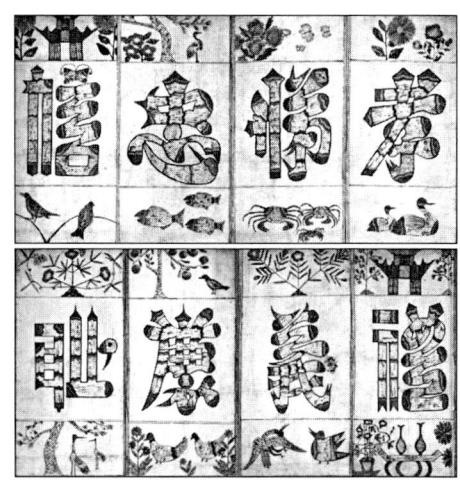

사진 3. 〈문자도병풍〉 8첩, 종이에 채색, 각 97.5× 48cm, 파리 기메동양박물관

말한다. 이는 제주도 문자도가 다른 지역의 민화와 구별할 수 있는 일차적인 특징이다.

파리 기메동양박물관 소장 〈문자도병풍〉은 3단 구성의 전형적인 예를 보여준다. 중단에 '효제충신예의염치'의 유교적 덕목을 나타내는 문자가 차지하고 있고, 상단과 하단은 동식물의 자연과 건물로 장식되어 있다.

중단의 문자는 획의 양 끝부분을 머리초 단청의 휘로 장식하고 바탕은 비백서로 질감을 표현했다. 일반적인 머리초 단청은 중앙에 연화문을 중심으로 석류동, 항아리 등을 배치하고 그 주변을 녹, 황실의 색띠로 장식한다.[1] 그런데 제주도 문자도는 획의 양끝 부분을 머리초 단청

---

1) 곽동해, 『한국의 단청』, 학연문화사, 2002.3, pp.177~193.

사진 4. 〈문자도병〉, 치자도, 파리 기메박물관

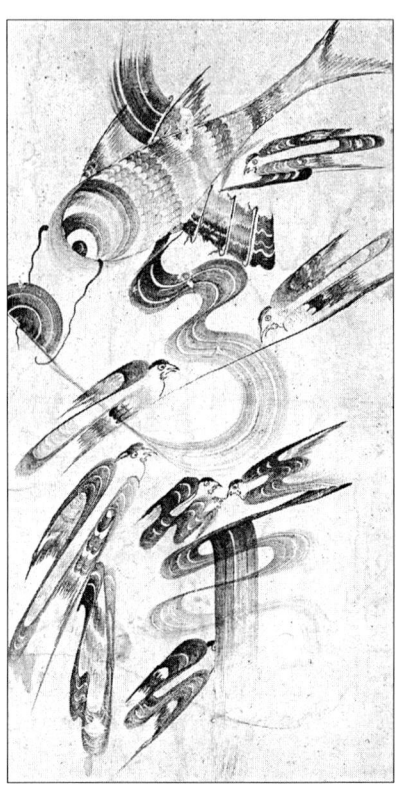

사진 5. 〈비백서〉, 종이에 먹, 66.2×35.8cm, 선문대학교박물관

사진 6. 머리초 단청

중 중앙의 연화문을 빼고
색띠만으로 장식했다. 문
자의 바탕은 원래 비백의
문양으로 채우는데, 비백
뿐만 아니라 물결무늬, 삿
무늬, 집선문(集線文) 등
비백과 유사한 문양으로
질감을 표현하기도 한다.
이는 제주도 문자도가 육
지의 비백서 계통의 문자
도의 영향을 받은 것이다.

문자 획의 끝은 물고기
나 새의 모양을 형상화했
는데, 이것은 육지의 비백

사진 7. 〈복록수희〉, 판화에 채색, 중국 무호(蕪湖)

서에서 볼 수 있는 특징이다. 예를 들어 선문대학교박물관 소장 〈비백
서〉를 보면, 효제의 문자를 비백의 초서로 흘려 썼는데, 효자의 1획의
잉어와 2획의 죽순 외에 나머지 획은 새와 지나간 궤적으로 획을 나타
내었다. 전서의 조전(鳥篆)처럼 새의 이미지를 활용했지만, 전반적으로
는 초서와 같은 속도감과 흐름으로 나타내었다. 이처럼 제주도의 화가
들은 육지의 기법을 활용하여 제주도식의 조형을 만들어낸다.

문자도의 내부를 비백으로 처리한 방식은 중국 상해의 부근인 무호
(蕪湖)의 문자도에서 비슷한 예를 찾아볼 수 있다. 무호의 〈복록수희(福
祿壽喜)〉에서는 글자 안에 평행선을 빽빽하게 그어서 장식했다. 무호의
민간연화는 가까운 곳에 위치한 소주(蘇州) 도화오(桃花塢)와 밀접한
관계를 맺고 있고, 무호의 몇몇 그림은 소주 도화오의 상해(上海) 지점
인 노문의(老文儀)의 민간연화와 유사한 것이 많다. 따라서 제주도 문자
도 양식은 무호나 노문의의 양식에 영향을 받았을 가능성이 높다.[2) 제

사진 8. 〈문자도병풍〉, 종이에 채색, 91.5×45cm, 제주도 감신리민회관

주도 문자도와 중국 남방의 민간연화의 관련성에 주목할 필요가 있다.

3단 가운데 상단과 하단에 등장하는 도상이 무엇인지를 파악하는 일이 제주도 문자도를 이해하는 관건이 된다. 여기에 등장하는 식물은 제주도산이다. 나무는 전나무, 감나무, 구지뽕나무 등이고, 꽃은 모란꽃, 나팔꽃, 연꽃, 쑥부쟁이, 찔레, 백일홍 등이다.

꽃 가운데 가장 많이 그려지는 것은 넝쿨이 긴 수생식물이다. 이 병풍에는 모란꽃, 나팔꽃, 연꽃, 쑥부쟁이, 찔레, 백일홍 등 다양한 식물이 그려지는데, 다른 문자도 병풍에서는 점차 넝쿨식물이 패턴화되어 나타난다. 넝쿨식물이 전체 흐름을 잡고, 그 위에 꽃들이 장식적인 역할을 맡는다. 예를 들어 감산리민회관 소장 〈문자도병풍〉에 다섯 꽃잎과 긴 나뭇잎이 넝쿨에 달려있는 후피향나무와 같은 식물이 도식적인 문양으로

2) 薄松年, 『中國年畫史』, pp.34~40.

활용되어 있다. 또한 이 병풍에서는 떠오르는 태양처럼 나뭇잎이 펼쳐진 바위솔과 같은 꽃이 등장하고 나비들이 모여드는 광경이 펼쳐져 있다.

사진 9. 〈문자도병〉 물고기 부분, 파리 기메박물관

물고기는 돔이나 볼락과 참게가 그려진다. 육지의 문자도처럼 잉어가 등장하기도 한다. 충(忠)자를 보면, 하단에 물고기 3마리가 아가리를 벌린 채 왼쪽을 향해 가고 있다. 앞의 물고기는 크고 뒤에 따라 오는 두 마리의 물고기는 작다. 준수한 유선형에

사진 10. 황돔, 제주도자연사박물관

높지 않은 갈기와 삼각형 모양의 꼬리가 돔에 가깝다. 다만 물고기를 표현한 채색과 문양으로 도식화되어서 명확하게 구분하기 힘들지만, 돔이나 볼락의 종류로 보인다.[3]

제(悌)자의 하단에는 참게 3마리가 아래를 향하고 있다. 이들 게 역시 왼쪽에는 큰 참게 한 마리, 오른쪽에는 작은 참게 두 마리를 배치했다. 참게는 제주도의 갯바위에서 잡히는데, 집게가 큰 것이 특징이다. 제주도에서는 이 참게로 참게죽, 게콩자반 등 음식을 만든다.

이 병풍의 상단 혹은 하단에는 새가 그려졌는데, 제주도에서 볼 수 있

---

3) 참돔은 유재명, 『제주 바닷물고기』, 제주도교육청, 1995, p.100.

사진 11. 〈문자도병〉 새 부분, 파리 기메박물관

사진 12. 찌르레기, 제주도자연사박물관

는 철새와 텃새로 구성되어 있다. 청둥오리, 큰부리까마귀(혹은 찌르레기), 암꿩(까투리)과 수꿩(장끼), 까마귀, 두루미, 왜가리, 오리 등이 등장하는데, 청둥오리, 두루미, 왜가리 등은 제주도의 철새이고, 큰부리까마귀, 꿩, 오리 등은 제주도의 텃새다. 수꿩은 암꿩 앞에서 과장된 포즈를 취하고 있는 경우가 많은데, 이는 암꿩의 환심을 사려는 수꿩의 몸부림이 해학적으로 표현되어 있다. 이 병풍은 3단의 짜임새 속에서 각각의 도상들은 뛰어난 완성도를 보여주고 있다. 이 병풍의 어느 부분을 확대해 보아도, 그 자체로 조화로운 이미지가 된다.

문제는 '효제충신예의염치'의 8자 가운데 대개 중앙에 위치한 두자인 신자와 예자의 상단에는 그려진 건물이다. 이 건물은 이층 혹은 단층의 기와집이다. 과연 이 건물은 무엇일까? 이 의문을 푸는 데 결정적인 단서를 제공하는 것이 건물이 그려진 폭의 하단에 배치된 소반이다. 제주도에서는 이 소반을 '고팡상'이라 부르는데, 제사 때 제사상으로 사용된다. 그 위에 술과 같은 제물이 차려져 있는 것은 그 때문이다. 그렇다면 이 건물은 사당일 가능성이 높다. 이 사당은 민화 중에서 조상에게 제사지낼 때 사용하는 그림인 〈감모여재도(感慕如在圖)〉(일본 고려미술관 소장)에서 빌려온 도상으로 보인다. 감모여재란 사모하는 마음이

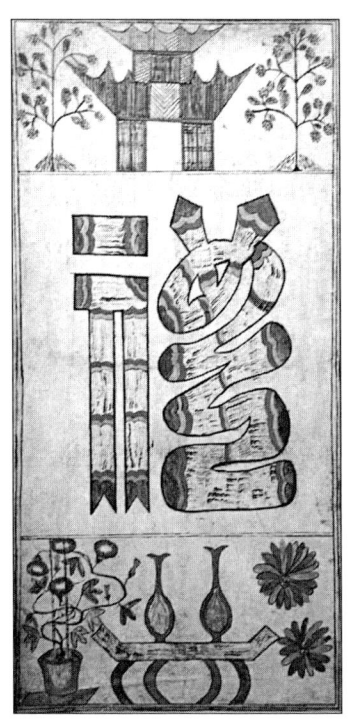

사진 13. 〈문자도병〉 예자도,
파리 기메박물관

사진 14. 〈감모여재도〉, 종이에 채색, 121.7×87.7cm,
일본 교토 고려미술관

지극하면 그의 모습이 나타난다는
뜻으로, 사당도(祠堂圖)라고도 부른
다. 사당이란 조상의 제사를 지내기
별도로 지은 가묘 혹은 제실을 가리
킨다. 그런데 제주도에는 사당이 그
리 많지 않다.[4] 사당은 유교의 전래
와 더불어 육지에서 들어온 문화다.
제주도에는 육지문화인 사당보다는
전통적인 마을신을 모시는 본향당이
마을을 지키고 있다.

집집마다 조상에게 제사지내는

사진 15. 〈고팡상〉, 제주도자연사박물관

사진 16. 〈제주도 혼례식〉, 1966년, 김유정

사당을 집집마다 별채로 갖출 수는 없다. 따로 건물을 지어야 하므로 그 비용이 많이 들기 때문이다. 따라서 그 대용으로 간단하게 사당이 그려지고 제사상까지 차려진 그림이 등장한 것이다.

그렇다면 '효제충신예의염치' 라는 유교적 덕목과 중앙의 사당 그림은 이 병풍이 제사용으로 사용되었음을 시사한다. 제주도 사람들은 지금도 병풍을 가지고 있는 집들이 많다. 그런데 문자도병풍은 장식용으로 사용하기 보다는 제사나 잔치 때 사용했던 것이다.

이 병풍이 제사용으로 사용되었다면, 꽃·새·나무·물고기 등 제주도의 자연은 제사와 무슨 관계가 있는 것일까? 1966년에 찍은 사진 한 장 속에서 그 대답을 얻을 수 있다. 이 사진은 그다지 오래되지 않았지만, 제주도 문자도병풍을 배경으로 찍은 혼인식 장면을 담고 있다. 이 병풍은 뒤에서 어린아이들이 들고 서있는데, 그것은 병풍의 키가 작기 때문이다.[5] 예를 들어 원래의 표장을 갖추고 있는 감산리민회관 소장 〈문자도병풍〉의 경우 키가 96cm로, 대체로 제주도 문자도병풍의 키는 작다. 아무튼 사진 속의 병풍은 혼례용으로 사용된 것을 보여준다. 제주

---

4) "본향당 일색의 분포를 보이는 제주도에도, 필자의 확인한 바로는 서귀포시 예래동의 풍천 임씨댁과 해방 전까지 있다가 소실되어 없어진 구좌읍 하도리의 제주부씨댁 해서 단 두 곳에 가묘로서 사당이 있었을 뿐이다." (송성대, 『문화의 원류와 그 이해』, 각, 2001.11, p.141.)

5) 이 사진은 민속학자 김유정씨가 제공한 것으로, 뒤 병풍은 키가 작아 꼬마들이 숨어서 들고 있었다고 한다.

도 문자도병
풍은 제사용
의 제병(祭
屏)과 더불어
잔치용의 혼
병(婚屏)으로

사진 17. 〈의문당 편액〉, 1846년, 나무, 제주 추사기념관

도 사용된 것이다. 그렇다면
문자도 병풍의 자연은 잔치
의 분위기가 반영된 것을 알
수 있다.

경주는 문화관광이고, 제
주도는 자연관광이 떠오른
다. 제주도는 자연환경이 유
명한 지역이기 때문이다. 이
러한 인식은 조선시대에도
다르지 않았다. 지금처럼 자
연관광이란 개념을 없었지
만, 제주도 문자도 병풍에는
제주도인이 사랑하는 자연
이 담겨져 있다. 제주도 문
자도 병풍은 제주도인의 자
연관을 엿볼 수 있는 좋은
자료인 것이다.

사진 18. 〈문자도병풍〉, 6첩중 1첩, 종이에 채색,
88.5×46.8cm, 제주 개인소장

3단 구성은 무슨 의미가
있는 것일까? 3단 구성은 제
주도인 육지문화를 수용하
는 태도와 인식을 보여준다. 이는 마치 제주도의 액자 속에 유교의 문자

를 끼워놓은 형국이다. 제주도 사람들은 육지의 문화를 그대로 받아들이는 것이 아니라 제주도식으로 변용하여 받아들였다. 중단의 문자는 육지에서 수용한 유교문화라면, 상·하단의 문양은 제주도의 자연과 생활과 관련된 도상이다. 여기서 우리는 제주도인의 자주적인 수용태도를 엿볼 수 있다.

추사 김정희는 1846년 11월에 대정향교(大靜鄕校)의 유생들을 위해 〈의문당(疑問堂) 편액〉을 썼다. 향교는 유교문화의 본산으로 제주도 양반들은 향교와 밀접하게 연계되어 있다. 이 유물은 김정희가 제주도 양반과 교류를 했음을 보여주고 있다.[6] 현재 이 편액은 대정현 추사유배지 안에 위치한 추사기념관에 전시되어 있다. 이 편액의 앞면 글씨의 여백에는 최근 검은 페인트로 칠해져 낯설어 보이지만, 다행히 편액 주변의 문양은 당시의 모습 그대로다.[7] 여기서 유의해서 볼 사항은 이 편액의 테두리 문양이 제주 개인소장 〈문자도병풍〉의 상·하단 문양과 양식상 비슷하다는 점이다. 편액의 테두리 무늬를 보면, 상단과 좌우 단에 연결된 작은 돌기의 윤곽으로 그려진 동심원문이 둘러싸여 있고, 하단에는 연화문과 국화문이 있으며, 현판의 네 구석에는 나비가 배치되어 있다. 또한 이들 문양 사이에는 주위에 작은 점으로 둘려 있는 원문양이 보인다. 이 가운데 연속된 구름모양 동심반원문과 원을 작은 점으로 둘러싼 꽃문양은 제주도문자도병풍에 종종 등장하는 문양이다. 예를 들어 제주 개인소장 〈문자도병〉을 보면, 상단과 하단에 나무와 구름 형상의 단청 문양이 번갈아 배치되어 있고 나무의 마디와 글자의 중간 중간에 작은 점으로 둘러싸인 꽃문양이 보인다. 여기서 구름모양의 동심반원문은 단청의 휘고, 원을 작은 점으로 둘러싼 꽃문양은 석류 그림의 껍

---

6) 양진건, 「제주유배인의 개화교학활동 연구」, 『민족문화연구』 23, 고려대학교 민족문화연구원, 1990, p.271.
7) 유홍준, 『완당평전』 2, 학고재, 2002.2, pp.488~493.

질에 종종 등장한다. 〈의문당 편액〉의 테두리 문양은 제주 개인소장 〈문자도병〉 문양의 양식과 상통한다. 〈의문당 편액〉이 1846년 작이므로 제주 개인소장 〈문자도병〉도 19세기 중엽에 제작되었을 가능성을 시사해준다. 아울러 제주도의 편액에 육지의 서예가인 김정희의 글씨를 담았듯이, 제주도 문자도도 육지의 문자도를 제주도의 문양으로 장식된 틀 속에서 수용된 것이다. 이러한 제주도인의 자주적인 문화 수용태도는 3단의 형식을 선호하는데 어느 정도 영향을 미친 것으로 추정된다.

제주도 문자도병풍은 3단 구도라는 구성적인 특징을 보인다. 여기에는 육지의 유교문화를 그대로 받아들인 것이 아니라 제주도의 자연이나 문양 같은 제주도의 틀 속에서 자주적으로 수용한다는 의식이 돋보인다. 제주도의 꽃, 새, 물고기 등 자연을 문자도의 문양으로 장식한 점에서 제주도인의 자연에 대한 사랑을 엿볼 수 있다. 3단 구성을 중심으로 이를 간략화한 2단 구성과 1단 구성의 그림도 그려졌다.

Ⅲ. 신의 섬, 제주도에 분 유교민화의 바람

제주도의 신당들이 불길에 휩싸여 있다. 제주목사 이형상(李衡祥, 1653~1733)이 미신을 타파하겠다고 신당을 모두 불태운 것이다. 유자들은 제주목 관아(濟州牧官衙)에 모여 북향례(北向禮)를 올리고 있다. 제주도에서 토속신앙을 뿌리 뽑고 유교를 전파하려는 결의를 다지는 순간이다. 이 장면이 1702년에 제작된 〈탐라순력도(耽羅巡歷圖)〉(보물 652-6, 제주시청 소장) 중 〈건포배은(巾浦拜恩)〉에 생생하게 실려 있다.[8] 이는 토속신앙에 대한 대대적인 종교탄압이다. 이 사건은 제주도 사람들에게 많은 충격을 주었다. 그들은 이형상이 임기를 마치고 돌아갈 때에는 신에게 벌을 받아 분명히 바다에 빠져 죽을 것이라고 생각했

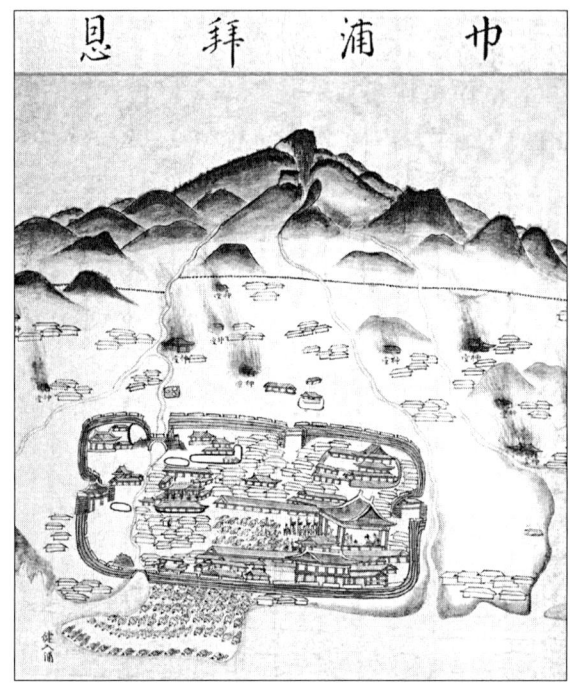

사진 19. 〈탐라순력도〉 중 〈건포배은〉, 김남길 그림, 1702년, 보물 제652-6호, 종이에 채색, 제주시청

는데, 무사히 건너가서 이상하게 여겼다.[9] 이형상은 신당을 모두 불태워 제주도에 무당이 없다고 단언했지만, 그가 물러난 뒤 얼마 되지 않아 다시 토속신앙이 고개를 들었다. 그는 천여 년 동안 비를 비는 제사를 지내는 풍운뢰우단(風雲雷雨壇)을 철폐했지만, 1719년에 기후가 고루지 않고 재해가 많이 일어나자 이를 다시 세웠다.[10]

제주도에는 신당이 없는 마을이 없다. 작은 섬에 3백여 곳이 넘는다고 한다. 더구나 신의 수는 1만 8천신을 헤아린다고 하니, 가히 '신의 섬' 임에 틀림없다. 삼다라 하여 바람, 돌, 여자만 많은 섬이 아닌 것이

8) 1702년 병와(瓶窩) 이형상(李衡祥, 1653-1733)이 제주목사 겸 병마수군절제에 부임하여 도내 각 고을을 순시하고 당시에 거행했던 여러 행사장면을 그린 그림으로, 제주목 소속 화공으로 짐작되는 김남길(金南吉)이 그렸다. 홍선표, 「〈탐라순력도〉의 기록화적 의의」, 『조선시대 회화사론』, 문예출판사, 1999.6, pp.483~494.
9) 이익, 『성호사설』제4권 만물문, 「성황묘」.
10) 이긍익, 『연려실기술』별집 제4권 사전전고, 「제단」.

다. 그런데 이처럼 초
강수의 조처를 취해야
할 만큼, 제주도는 토
속신앙이 굳건하게 뿌
리를 내린 섬이다. 그
것도 조선이 유교 국
가를 표방한지 이미
200여년이 지났지만,
여전히 유교와 토속신

사진 20. 제주도 궁당

앙과의 갈등이 벌어지고 있다. 이러한 섬에 유교적인 성격이 강한 문자
도가 성행했다는 사실은 매우 놀랍고 흥미로운 일이다.

신의 섬 제주도에 '효제충신예의염치'의 유교적인 내용으로 문자도
병풍이 유행했다는 사실은 심상치 않은 변화다. 제주도는 원래 마을신을
모신 본향당(本鄕堂)으로 대표되는 토속신앙이 뿌리 깊게 자리 잡은 섬
이기 때문이다.[11] 지금도 곳곳에 신당이 남아 있다. 육지로부터 전해진
불교와 유교로 갈등을 겪었지만, 토속신앙을 오랜 세월동안 고수한 곳이
제주도다. 이런 지역에 유교 내용을 담은 문자도병풍이 유행했던 것이다.

제주도 문자도가 병풍으로 제작되었다는 사실도 주목할 필요가 있
다. 제주도에서 병풍은 중요한 생활용품이다.[12] 잔치 때마다 병풍을 치

---

11) 제주도의 토속신앙과 유교와의 관계를 살핀 글로는 송성대, 「본향당과 사당」, 『문화의 원
류와 그 이해』, 각, 2001.11.
12) 진성기, 『제주민속의 아름다움』, 제주민속연구소, 2003.6, pp.220~225. "가난한 농, 어촌
살림에서 제사 때가 아니면 잔치 때에나 사용해 오던 병풍이 이제 오랜 세월이 흘렀음을
말해 주는 그을음 낀 이들 병풍 속의 그림들 가운데에는 비록 뛰어난 이들의 이름이나 낙
관이라고는 찾아볼 수 없지만, 따뜻한 숨결처럼 면면히 이어지면서 서민들의 친근한 벗
으로서 생활해 왔던 것이다. 제주도의 경우 병풍이야말로 민화를 오늘날까지 보존해 주
었던 유일한 수단이었다."

사진 21. 제주도 추사유배지(사진 : 김유정)

고, 제사 때에도 병풍을 치며, 굿을 할 때에도 병풍을 배경으로 삼았다. 몇 십 년 전만 하더라도 웬만한 집에 병풍이 없는 집이 없었을 정도로 병풍이 유행했다. 제주도 사람들이 병풍을 선호한 이유는 그것을 양반의 상징으로 여겼기 때문이다. 제주도 속담에 "양반은 사귀민 벵풍 둘른 간한곡, 쌍놈은 사귀민 가시넓밟은 간다."라는 말이 전한다.[13] 이 말을 풀면, 양반은 사귀면 병풍 두른 듯하고, 쌍놈은 사귀면 가시 밟는 것 같다는 뜻이다. 제주도 민요인 〈양반가〉에서도 "양반의 인연은 길에 병풍 두른 듯하고, 상놈의 인연은 길에 개똥 밟은 듯하다."고 했다.[14] 병풍은 양반처럼 귀한 존재의 배경으로 인식된 것이다. 이러한 현상을 뒤집어 이야기 하면, 병풍의 유행은 양반문화가 확산되었음을 보여주는 징표인 것이다. 제주도 문자도병풍은 19세기 제주도에 불어 닥친 변화를 상징적으로 보여준다.

제주도에는 19세기에 이르러 유교문화가 정착된 징후를 살펴볼 수 있

13) 고재환, 『제주속담사전』, 민속원, 2002.5, p.329.
14) 걸도 지컨 양반 걸 지라   인연(서방)도 지닐 테면 양반의 인연 지녀라
    걸도 지연 양반의 걸은   인연도 지녀서 양반의 인연은
    질해 팽풍 둘른 간 혼다.   길에 병풍 두른 듯 한다.
    걸도 지연 쌍놈의 걸은   인연도 지녀서 상놈의 인연은
    질헤 개똥 불른 간 혼다.   길에 개똥 밟은 듯 한다.
    진성기, 『남국의 민요-제주도민요집』, 제주민속연구소, 1991.1, p.119에서 인용.

다. 무엇보다도 유교 내용의 문자도병풍이 성행한 사실이 그것을 증언
한다. 제주도에 유교문화가 자리잡는 데에는 이형상같은 목민관과 유
자들의 노력은 물론이거니와 유배인들의 역할도 매우 컸다. 제주도에
는 조선시대 내내 김정, 정온, 이익, 송시열, 김진구 등 많은 사람들이 유
배를 왔다.[15] 19세기에는 유배인이 급격하게 늘어나는 추세를 보였다.
김윤식(金允植, 1835~1922)은 『속음청사(續陰晴史)』에서 당시의 상황
에 대해 다음과 같이 탄식했다.

　"제주(목)에 유배객이 오늘날과 같이 많은 때가 없었다. 그런데도 계속해
　서 불어나니 장차 이 한 섬에 가득 찰 것 같다."

　철종, 공종, 순종 3대 약 60년 동안에는 어느 때보다 많아 60여 명의
정치범이 귀양살이를 했다. 그들 가운데는 조정철(趙貞喆), 김정희(金
正喜), 최익현(崔益鉉), 김윤식(金允植), 박영효(朴泳孝) 등 역사적인 인
물들이 포함되어 있다.[16] 특히 김정희는 유교문화를 제주도에 전파하
는 데 중요한 역할을 했다. 그는 1840년부터 9년간 제주도에서 유배생
활을 하면서 학문과 예술을 전파하고 제자를 양성했다. 유배기간 동안
두 차례나 왕래를 했던 민규호(閔奎鎬)는 「완당김공소전(阮堂金公小
傳)」을 통해 김정희의 제주도 생활에 대해 다음과 같이 전하고 있다.

　"귀양 사는 집에 머무니 멀거나 가까운 데로부터 책을 짊어지고 배우로 오
　는 사람들이 장날같이 몰려들어서 겨우 몇 달 동안에 인문(人文)이 크게 개
　발되어 문채(文彩)나는 아름다움은 서울풍이 있게 되었다. 곧 탐라의 거친
　풍속을 깨우친 것은 공으로부터 비롯된 것이다."[17]

15) 양진건, 「조선조 제주교육사상사연구」, 『제주도연구』3, 제주도연구회, 1986, pp.221~247.
16) 국립제주박물관, 『제주의 역사와 문화』, 2001.6, pp.151~153.

유배객이 제주도인과 융화를 이루는 일은 그리 많지 않은데, 김정희는 비교적 적극적으로 제주도인과 교류를 했다. 하류계층인 위항인들과의 교류도 활발하게 이루어졌다.[18] 당대 최고의 학자이지만, 권위의식을 크게 내세우지 않은 것으로 보인다. 그가 문자도를 전파하는 데 어떤 역할을 했다는 증거는 없지만, 19세기 후반 제주도에 유교문화를 확산시키는 혁혁한 공헌을 한 것이 틀림없고, 그것은 당시 제주도에 문자도가 유행하는 데 직접 또는 간접적으로 영향을 미친 것으로 판단된다.

문자도는 19세기에 들어와서 전국적으로 유행했다. 제주도도 예외가 아니다. 유교문화는 문자도와 더불어 생활 깊숙이, 제주도를 비롯한 전국 구석구석에 파고들었다. 신의 섬, 제주도에서도 육지에 못지않게 문자도병풍의 열풍이 일었다. 제주도 민화의 대부분은 문자도가 차지할 정도다. '효제충신예의염치'의 유교 문자도가 선호되고, 병풍을 매개로 양반문화에 대한 동경이 싹텄다. 문자도병풍이 혼인이나 제사와 같은 가정의 대소사에 필수적인 생활도구로 사용되었다는 사실이 그것을 입증한다.

Ⅳ. 현대적 감각이 돋보이는 제주도 문자도

제주도 문자도는 국내보다 일본, 유럽 등 해외에서 더 각광을 받고 있다. 처음 제주도문자도에 주목한 이들이 일본인 수집가이고, 유럽과 미

---

17) 『阮堂先生全集』卷首, 「阮堂金公小傳」, "居謫舍。遠近負笈者如市。纔數月。人文大開。彬彬有京國風。耽羅開荒自公始。"
18) 양진건, 「추사 김정희의 제주유배 교학사상 연구」, 『제주도연구』9, 제주도연구회, 1992, pp.181~216.

국의 박물관에서도 제주도 문자도를 다수 소장하고 있다. 외국인이 제주도 문자도에 관심을 갖은 까닭은 바로 독특하면서도 현대적인 이미지 때문이다. 거칠고 자유롭게 분방한 면에서는 제주도적인 감성이 물씬 풍기고, 단순화되고 도식적이며 구조적인 면에서는 현대적인 감성을 자극한다. 제주도 문자도에는 섬지방인 제주도 특유의 질

사진 22. 〈문자도병풍〉, 종이에 채색, 각 106×37cm, 서울 개인소장

박한 조형에 의외로 단순한 이미지에서 비롯되는 현대적인 감각까지 보여주고 있다.

제주도다운 감각은 거칠고 질박한 이미지에 있다. 제주도 내왓당 무화는 그로테스크한 형상에 거친 감각에서 육지의 무화와 다른 강한 인상을 준다. 서울 개인소장 〈문자도병풍〉은 제주도식의 생명력을 엿볼 수 있는 작품이다. 한폭 한폭의 그림에서 내뿜는 생동감은 강렬함을 넘어선다. 제주도만의 질박함과 자유로움을 엿볼 수 있는 작품이다. 그럼에도 불구하고 이 작품은 제주도 문자도의 전형인 3단 구성을 지키고 있다. 이러한 틀이 없었더라면 이 그림은 너른 초원을 달리는 조랑말처럼 어디론가 치달렸을지도 모른다. 문자를 규정하는 곡선은 자유롭고, 그 바탕을 채운 비백의 표현은 거칠다. 넝쿨은 구불거리며 왼쪽으로 뻗

사진 23. 〈용마도〉, 종이에 채색, 62.0×31.8cm,
일본 세리자와케이스케미술관

치고, 한 쌍의 학은 곡예와 같은 과장된 몸짓을 하며, 물고기들은 평화롭게 물속을 노닐고 있다. 자유로우면서 활달한 표현에서 우리는 강렬한 생동감을 만끽하게 된다.

제주도 민화의 자유로움은 일본 시즈오카(靜岡)시 세리자와케이스케 미술관(芹澤銈介美術館)에 소장된 〈용마도(龍馬圖)〉에도 나타난다.[19] 새가 제트기 구름처럼 하늘을 나르면 흔적으로 만든 것이 초서로 쓴 용(龍)자이다. 용자의 첫머리에는 새가 나르고 있고, 끝에서는 새가 막대기 위에 깃들어져 있다.

이처럼 마른 붓질로 붓 자국이 희끗희끗 보이게 쓴 글자를 '비백서(飛白書)' 라 한다. 굳이 번역한다면, 하얀 자욱이 훨훨 나는 글씨 정도로 새겨진다. 용자 모양으로 된 구름의 우리 안에 갇혀 있는 것이 말(馬)이다. '용마(龍馬)' 라는 글자를 구름 같은 초서의 용자와 사실적인 말 그림으로 멋지게 꾸며냈으니, 이 얼마나 기발한 아이디어인가! 그런데 말을 자

---

19)『李朝の民畵』下卷, 도 267~290 참조.

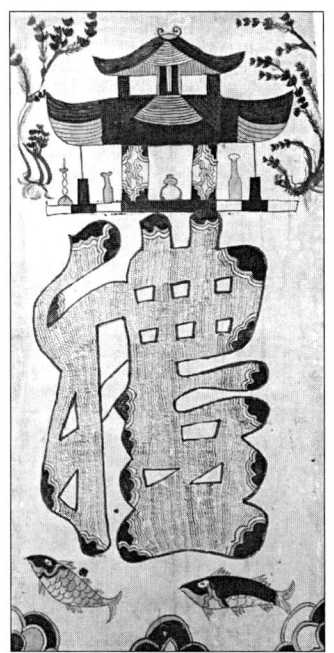

사진 24. 〈예〉, 종이에 채색, 79.3×　　　사진 25. 〈신〉, 종이에 채색, 79.2×
40.7cm, 도쿄 일본민예관　　　　　　40.4cm, 도쿄 일본민예관

세히 보면, 그것은 육지의 말이 아니라 조랑말이다. 그렇다면 이 그림이
제주도에서 제작되었을 가능성을 시사하여 준다. 이 그림은 세련되지
않았다. 그렇지만 천진난만하지도 않다. 매우 질박하다. 그렇지만 그 경
지는 매우 높다. 예로부터 큰 기교는 졸박한 것과 같다고(大巧若拙) 하
지 않았던가. 이 그림 역시 매우 졸박하지만, 그것은 못 그린 차원의 것
이 아니라 '기교를 넘어선 큰 기교' 의 경지를 보여주고 있다.

　원래 3단 구성인데 단의 경계를 없애고 한 화면에 구성한 그림도 있
다. 일본민예관 소장 〈예〉는 상하 단에 장식적인 문양을 배치하고 중앙
에 문자를 그려 넣어 3단 구성을 의식했음을 알 수 있다. 그런데 수평선
으로 그은 단을 아예 없애버렸다.[20] 위에는 사당을 배치하고 그것에 연
이어 예자의 획을 그렸다. 그 아래 도식화된 물결무늬 사이에는 물고기

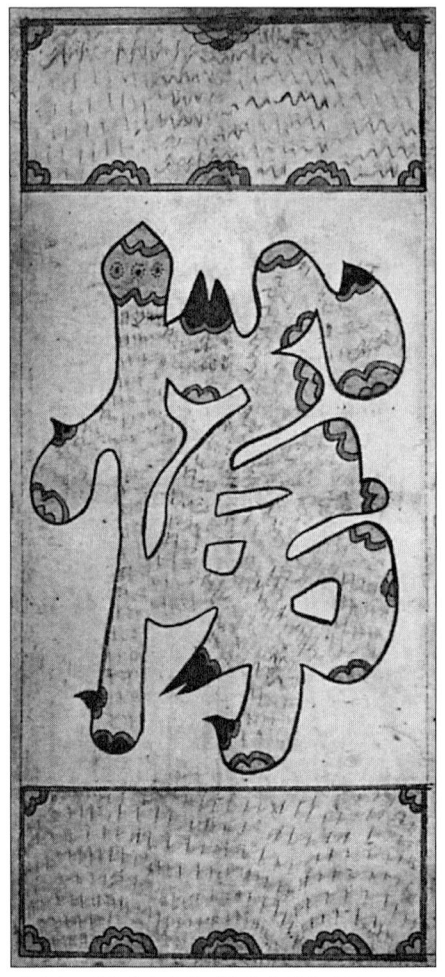

사진 26. 〈문자도병풍〉, 종이에 채색, 106×37cm,
서울 개인소장

가 자유롭게 뛰놀고 있다. 이
작품은 수평선의 구획선이
없지만, 상단에 사당, 중단에
글자, 하단에 물고기의 3단
구성을 염두에 둔 구도임을
알 수 있다. 〈신〉 역시 수평
선의 구획선이 없이 상단에
물결과 물고기, 중단에 글자,
하단에 풀이 배치되어 있다.
그런데 이 그림에서 흥미로
운 점은 상단의 물고기가 아
래로 내려와 신자의 좌우에
배치되어 경계를 넘나드는
자유로움을 보인 것이다.
　자유로운 조형의 이면에
는 짜임새가 뚜렷한 문자도
도 있다. 서울 개인소장 〈문
자도병풍〉은 거칠고 자유로
운 표현이 짜임새 있는 구조
적인 표현 속에서 단순한 조
형으로 녹아든 예다. 상단과
하단은 사각형의 도안으로 정연함을 나타낸 가운데 제자의 문자는 자유
로운 곡선을 뽐내고 있다. 문자의 곡선미와 상하단의 직선미가 대조를

---

20) 일본민예관에서는 야나기 무네요시의 아들인 야나기 소리(柳宗理)가 관장을 맡은 이후
　　제주도 문자도를 집중적으로 수집했다.

이룬 작품이다. 그 가운데 비처럼 또는 물결처럼 표현된 무늬가 상하단은 물론 글자 바탕에 까지 베풀어져 질감의 촉각적인 효과까지 자아내고 있다.

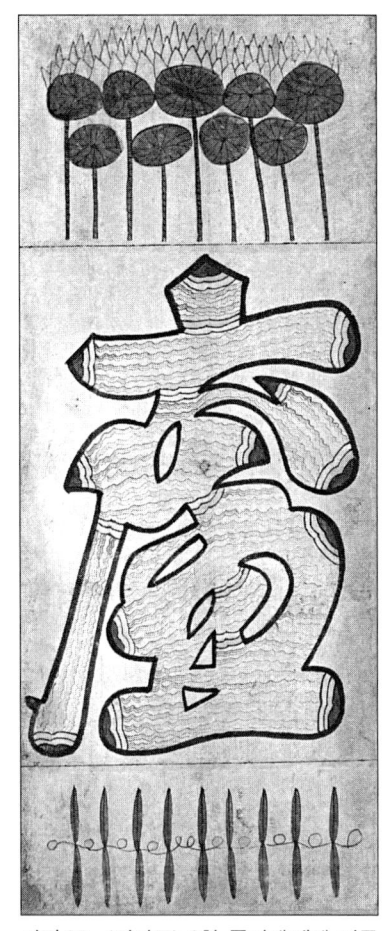

사진 27. 〈염자도〉 8첩, 종이에 채색, 미국 샐럼(Salem) : 피바디 에섹스 박물관(Peobody Essex Museum)

단순화되고 도식화된 조형으로 이루어진 제주도 문자도는 20세기 전반에 유행한다. 미국 셀럼시에 있는 피바디 에섹스 박물관(Peobody Essex Museum, PEM)에 소장된 〈염자도〉는 첫눈에 현대의 작품이 아닌가 착각할 정도로 현대적 감각이 물신 풍긴다. 염자를 보면, 상단에 연꽃의 무리, 중단에는 염자, 하단에 넝쿨식물을 배치했다. 상단에는 두 줄로 선 8개의 연잎이 받쳐주고 그 위에는 한 무더기의 연꽃이 피어 있다. 하단에는 잎들이 수직으로 나란히 서 있는 가운데 와선형의 넝쿨이 그 잎들의 중앙을 엮고 있다. 그 발상이 매우 구성적이면서도 감각적이다.

제주도 화가들이 보여준 단순함과 추상적인 이미지는 회화에만 그친 것이 아니라 무덤 앞에 세운 석인상에서도 발견할 수 있다. 석인상은 사실적이고 입체적인 양식에서 기하학적이고 단순화된 양식까지 다양하다. 그러한 매력때문에 제주 도의 석인상은 정원을 꾸미는 장식으로도 많이 활용된다. 제주도 설록원 정원에 있는 〈석인상〉은 원형의 머리와

사진 28. 〈석인상〉, 제주도 설록원

사각형의 몸체로 기하학적인 형상이 기본을 이루고 있다. 이처럼 단순하고 기하학적인 형상의 석인상은 제주도 문자도와 재료만 다를 뿐 조형적으로 상통하는 면이 있다.

　제주도문자도는 우리나라에서는 유일하게 남쪽 섬지방의 감각이 두드러진 그림으로 육지의 회화와 다른 독특한 조형세계를 보여준다. 특히 제주도 문자도가 보여주는 단순하고 그래픽적인 아름다움은 현대적인 미술을 방불케 한다.

한국의 역사와 문화 그리고 제주

한국학 자료로서의 제주 고문서

김동전 제주대학교 사학과 교수

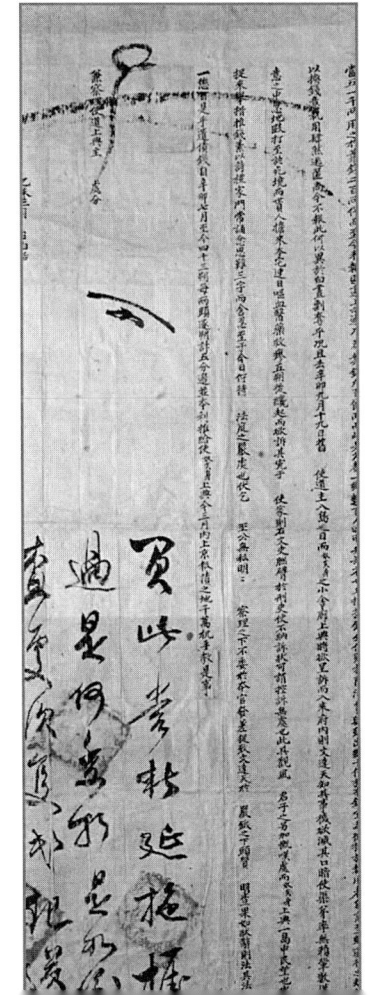

▲ 을미년 3월 발괄, 하귀리 김진사댁 노비 동이

한국학 자료로서의 제주 고문서

Ⅰ. 머리말

역사 연구에 있어 문헌이 차지하는 비중은 절대적이다. 그런데 지방에 대한 기록은 그다지 많지 않은 것이 오늘의 현실이다. 비록 기록이 있다하더라도 기록의 대부분은 지배층이나 중앙 중심적인 시각에서 서술되어 있는 반면, 지방에 거주하는 주민들의 일상생활에 대한 서술은 지극히 부진하다. 지역사 연구에 고문서 활용이 절대적으로 필요한 것은 바로 이 때문이다. 고문서란 쉽게 말해, 과거 우리 선조들이 일상생활을 영위하면서 필요에 따라 사용했던 모든 문서들을 말한다.

최근 한국사 뿐만 아니라, 한국학 연구의 새로운 가능성을 보여준 지표의 하나가 고문서임에 틀림없다. 각 지방사회의 특성과 다양성을 잘 보여주는 한국학 자료로 고문서 이상의 자료가 없기 때문이다. 고문서(古文書)는 현대이전의 사료적 가치가 있는 모든 필사된 문서이다. 인쇄된 문집과는 달리 고문서는 1부만 작성되기 때문에 일차 사료로서의 유일무이한 가치를 가진다. 문서의 목적이 분명하기 때문에 구체적이고 사실적이다. 따라서 기록의 꾸밈과 왜곡이 적다.

관직 임명장인 교지, 신분증명서인 호구단자나 준호구, 자신의 억울한 사정 등 민원을 관아에 호소하는 문서, 무덤으로 인한 분쟁, 자녀들에게 재산을 상속하는 문서, 토지를 사고 파는 매매문서, 노비의 소유권

분쟁, 각종 공동체를 유지해 나가기 위한 계문서(契文書), 일기류, 소와 말과 관련된 목장 문서 등 일상 생활의 각종 모습을 확인할 수 있다. 출류이 금지되던 시기에 제주를 떠날 수 있도록 허가했던 출선기, 제주 여성들이 호주 승계는 물론 밭 주인으로 주체적으로 토지매매에 참여하였던 문서 등 다양하다.

이러한 고문서는 조선왕조실록 등 중앙 중심의 기록에서 찾을 수 없는 일상생활사의 다양한 모습을 보여 준다. 제주인들의 삶의 과정에서 남겨진 생활문서들은 제주의 역사와 문화, 향촌사회의 구체적 모습을 고스란히 담고 있다.

II. 제주지역 고문서의 종류와 성격

1. 제주향교 소장 고문서의 성격

제주향교 소장 문서는 절목류, 유안 및 향안, 선생안 등 50여 건의 고문서 자료이다. 첫째, 조선 후기 제주향교의 경제적 기반을 살펴볼 수 있는 「교위전수세정식절목」, 「교전획급절목」, 「교전정세절목」, 「향교섬학전절목」 등의 자료가 있다. 「교위전수세정식절목」은 순조 4년(1804)에 박종주 제주목사겸방어사가 교위전에 대한 세금 징수의 법식을 정한 절목이다. 구체적으로는 향교 재임들이 삭망제에 행하는 분향료를 마련하는 데에 어려움이 있다고 영문(營門, 당시 제주목사가 업무 보는 곳을 영문이라 칭하기도 함)에 요청하자, 영조 40년 경에 제주목사가 제주방어영 소속의 둔전인 '좌가장(佐哥場)'을 제주향교의 향교전으로 허락하였다. 그런데, 좌가장을 향교전으로 만들 당시에는 세금이 20포(包)에 이르렀으나, 순조 4년에 이르면서 좌가장 백성들이 제주향교에서 세금을 징수해 가는 것에 강력히 반발하여 겨우 4피속(皮粟)을 거두는 상황이었다. 이에 관아에서 이를 바로잡는 내용의 절목이다. 이미 이 시기부터 간교한 무리들이 유생들을 멸시하며 향교 소속의 땅을 마치 자기의 토지인양 사유화하고 있었던 것으로 보인다. 구전에 의하면 향교에 소속된 수많은 토지들이 한말 및 해방 전후의 과정을 거치면서 개인 사유화되었다고 한다. 따라서 관아에서는 사유화할 염려가 있는 좌가장의 토지를 모두 제주향교에 환수시키고, 철저하게 세금을 부과하여 제주향교에서 거두어서 향교의 제반 경비로 활용하도록 조치하였다.

「교전획급절목」은 고종 29년(1892) 11월에 이규원 목사가 향교 주위의 교위전 경작을 교노들에게 부여하기 위한 내용의 절목이다. 즉, 교노들이 향교전을 경작하면서 생활을 유지해 왔는데, 권세가들이 이들 토지를 타인에게 전당하거나, 심지어는 매도함으로써 교노비들이 경작할 수 있는 땅을 상실하여 갈아 먹을 수가 없었다. 이에 관아에서 절목을 작성하여 향교 주위의 토지들을 모두 찾아내어 교노비들에게 나누어 주고는 전례에 따라 세금을 거둬서 생활하도록 조치하였다. 「교전정세절목」은 1902년 7월에 김창수 제주군수가 제주향교 소속 향교전의 경작자, 작물, 면적, 세액, 매매 관계 등을 기록한 것이다. 세금의 총액은 105냥 1닢으로 경작자들로부터 봄과 가을로 거두었다. 한편, 「향교섬학전절목」은 고종 20년(1883)에 박선양 목사가 기금을 마련해서 향교에 붙이고, 그 이자로 향교 운영에 충당하도록 한 것이다. 향교에 100냥의 기금을 마련하여 1년의 이자 20냥을 봄·가을의 제향 때에 10냥씩 분배하여 사용하도록 하였다. 그 구체적인 사용처는 훈장 1냥 5닢, 장의 2인에게 각각 1냥 5닢, 반수에게 1냥, 청금유사 2인에게 각각 5닢, 유사 4인에게 각각 5닢, 섬학유사 1냥, 수복(首僕)에게 각각 5닢을 지급하였다.

둘째, 조선시대 제주향교의 교수관은 처음에 제주판관이 겸하다가 종6품직인 교수가 파견되었다. 그리고 각 면에는 훈장을 두어서 교육을 실시하였다. 순조 30년(1830)의 「각면훈장설치절목」은 이예연 목사가 각 면에서 유생의 교육을 담당한 훈장이 중간에 폐지되어 유명무실해지자, 다시 훈장을 설치하여 생도들을 교육하게 하였다. 학생은 15세 이상에서 30세 이하로 한정하였으며, 11월부터 이듬해 3월까지 농사철을 피해 교육을 실시하며, 생도에 대한 처벌 사항 등을 규정해 놓고 있다.

셋째, 1871년의 「삼학개정절목」은 제주목의 5재(五齋) 즉, 제주향교, 귤림서원, 삼성사, 삼천서당, 좌학당 중에서 서원을 폐지하는 내용의 절목이다. 이어 1872년의 「양재개정절목」은 2개의 서원을 폐지하여 제주향교에 합치고, 좌학당을 폐지하여 삼천서당에 합치도록 한 절목이다.

마지막으로 제주향교에는 유안 및 향안이 인조 원년(1623)부터 광무 6년(1902)까지 17건이나 남아 있다. 이들 자료를 통해 제주향촌사회의 일면을 이해할 수 있다는 점에서 매우 귀중한 자료라 할 수 있다. 그리고 제주 출신 문과급제자 명단인 「진신선생안」, 향시급제자 명단인 「사마선생안」 등도 남아 있다. 한편, 정의향교에는 1770년(영조 46)~1899년(광무 3)까지의 유안과 「안민고절목(尹莘興 현감)」이 남아 있으며, 대정향교에는 1670년(현종 11)~1811년(순조 11)까지의 유안 70권이 남아 있다.

2. 삼성사 소장 고문서의 성격

삼성사 소장 고문서의 시기는 대부분 조선후기에 해당하였으며, 그 중에서도 19세기의 문서가 상당수에 이르렀다. 이는 여러 가지 관리 소홀로 오래된 고문서들이 유실된 결과라 생각된다. 고문서의 종류로는 첫째, 삼성사에 학생을 설치하는 것과 관련된 1848년 장인식 목사의 「삼성사 백재생(百齋生) 복설기(復設記)」이다. 둘째, 삼성사 운영의 경제적 측면을 이해할 수 있는 「삼성묘위토복구절목(三姓廟位土復舊節目)」과 「삼성혈제위토절목(三姓穴祭位土節目)」이 있다. 전자는 조천, 와산, 고령전 등의 세미(稅米)로 받은 전미(田米) 16석 1두 내에 8석은 춘추의 제향 경비, 3석 3두는 유사 2인, 4석은 장재생(長齋生) 1인, 13두는 묘직(廟直) 등에게 지급하도록하는 내용의 절목이며, 후자는 삼성사에서 징세

하는 제주목 좌면 각 리에서 받은 세미 50석을 삼성혈제를 지내는데 사용하도록 하는 내용의 절목이다. 그 외에도 일제시대 구좌(읍) 일대의 삼성사 소유 토지를 인근 마을 주민들에게 소작을 주어서 소작료를 징수했던 문서들이 남아 있으나 앞으로 체계적인 정리가 매우 절실하였다.

셋째, 선생안류로 「급제선생안」과 「가경 3년 정월 일 선생안(일명 명월진선생안)」이 소장되어 있다. 「급제선생안」은 조선시대 무과에 급제한 사람의 이름을 기록한 명부이다. 숙종 44년(1718)에 김여강·김우천·김우달·양유성 등의 건의에 의하여 선생안이 작성되기 시작하였는데, 서문은 숙종 44년 무과출신인 이지발이 썼다. 명단은 1558년(명종 13)의 무오방(戊午榜)부터 총 338명의 급제한 사람의 이름과 급제한 해(末尾는 例外)의 간지가 기록되어 있다. 명단은 후대로 가면서 여러 사람에 의해 계속하여 첨서된 것으로 보인다. 「가경 3년 정월 일 선생안」은 1798년부터 1895년까지의 명월진만호를 역임한 사람들의 명단으로 도임 및 체임 연월일이 기재되어 있다. 명월진은 제주 9진의 하나이다.

넷째, 삼성사의 유생명단인 유안, 「전집강 명단」, 「품관 명단」, 「삼성사 수직생안」, 「삼성사잡탈유안」 등이 남아 있었다. 특히, 잡탈유안(雜頉儒案)에는 잡탈자의 경우 노탈(老頉), 환록(還錄), 품거(品去), 사망 등의 구체적인 사유가 기록되어 있다.

3. 가문 소장 고문서의 성격

체계적인 조사가 진행되지 않아 모든 가문에 대한 고문서를 소개할 수 없으나, 현재 학계에 소개된 고문서를 중심으로 제주지역의 주요 가문이 소장하고 있는 고문서의 특징을 보면, 주로 호구단자, 준호구, 명문, 교지, 분재기 등 이다.

1) 제주고씨(濟州高氏) 고재일가(高在一家) 소장문서

고문서 자료 중에 호구자료는 호구단자 26건, 준호구 8건 등 모두 34건이다. 그리고 토지매매문서 및 분재기 등 전답문기가 91건, 표문(表文) 및 표문(標文) 5건, 첩문(帖文) 39건, 전령(傳令) 3건, 불망기 4건, 청원문 2건, 소지 2건, 등장 2건, 허양문 1건, 입안 1건이다.

2) 능성구씨가(綾城具氏家) 소장문서

영조 35년 경 진해현감을 역임하던 구보만(具普萬)이 제주 대정현에 유배되면서 제주도에 입도하였다. 이 가문의 문서는 통선랑 구본만을 통덕랑에 임명하는 교첩(1729년,영조 5, 옹정 7), 구본만의 교지 5건, 양무원종공신녹권 1책, 구제국 및 구염조를 애월진 및 서귀진 조방장 등에 임명하는 전령 4건. 1792년(정조 16, 건륭 57)에서 1882년(고종 19, 광서 8)에 이르는 총 30건의 호구단자로 구제국(득) 14건, 구염조 14건, 구선 중 2건이다. 전답문기류로는 1732년(영조 8, 옹정 10)에서 1832년(순조 32, 도광 12년)에 이르는 명문 10건, 별급문기 1건, 상환기 1건, 토지매매와 관련된 불망기 1건, 구씨문중 가고문(산좌전 마련 및 정비) 1건, 전당문(토지) 1건, 분재기(재주 구염조) 1건이다.

3) 경주김씨(慶州金氏) 김만일가(金萬鎰家) 소장문서

전답문기는 총 51건으로 매매 시기별로 구분하면, 광해군 2건, 인조 2건, 효종 2건, 현종 10건, 숙종 20건, 영조 8건, 헌종 2건, 철종 2건, 고종 2건, 순종 1건 등이다. 매매사유는 매득, 조상전래, 별득, 소제조, 흉년과 빈한, 요용소치, 동색마와 공마, 면강(免講)과 면취재(免取才) 등 이다. 이 외에 준호구, 호구단자, 교지 등 다수의 고문서가 남아 있다.

4) 진주강씨(晋州姜氏) 강태복가(姜泰福家) 소장문서

애월읍 장전리에 거주하는 진주강씨 강태복이 소장하고 있는 고문서이다. 학계에 소개된 전답문기는 총 125건이다. 이를 시기별로 구분하면 가장 오랜 1587년(선조 20, 만력 15) 1월 23일(姜繼男處明文) 것을 비롯하여, 그 외에 효종 5건, 현종 9건, 숙종 24건, 경종 2건, 영조 56건, 정조 13건, 순조 3건, 헌종 3건, 철종 3건, 고종 3건, 기타 3건이다. 이 외에 호구단자, 준호구 등이 소장되어 있다.

5) 파평윤씨 윤세민 소장 고문서

윤귀삼, 윤신채, 윤개상, 윤선달, 윤영하, 윤종헌 등과 관련된 교지, 준호구, 호구단자, 토지문서, 분재기 등이 주종을 이루고 있다. 이 외에 대정 4년(1915) 10월 15일의 도허문과 일제시대 채권 11점, '강정리'라 기재된 윤신채의 호패도 남아 있다.

6) 인동장씨 장대성가(張大成家) 소장문서

1840년부터 1910년까지의 고문서 60여 건으로, 호구단자, 도허문, 화회문기, 별급문기, 토지매매문서 등이다.

7) 진주강씨 강승태가(姜升台家) 소장문서

1580년이후 1910년경까지 호구단자, 전답문기, 노비문서, 전령, 교지, 소지 등 다양한 문서가 보관 중이다.

4. 마을 소장 절목류의 성격

1) 호적관련 절목

「호적소정식조례성책(戶籍所定式條例成册)」은 1책 7장으로 표지에 '이등(李等)' '임오 2월 일'로 되어 있어 1822년(순조 22) 이원팔 목사 때에 작성된 것이다. 이 자료는 제주목의 금악리·도두리·장전리 등에서 확인된다. 내용은 호적 작성에 필요한 법식을 정리한 것으로 내용은 모두 동일하다. 다만 당시 작성자의 필체에 따라 초서의 정도에 차이가 있다. 그리고 이 성책의 후반부에는 모두 '호총인총곡총분배정례(戶總人總穀總分排定例)'가 부록되어 있다.

「삼읍호적인구곡급통적미구폐절목(三邑戶籍人口穀及統籍米救弊節目)」은 1839년(헌종 5, 기해) 11월 구재룡 목사가 제주목·대정현·정의현 각 마을에 하송한 것이다. 제주목의 도두리·수산리 문서의 경우 1책 12장으로 내용은 삼읍의 호적을 개수할 때 제주도민들이 납부하는 인구곡과 통적미의 폐단을 시정하는 것으로 동일하나, 간혹 의미가 같은 다른 글자로 작성되어 있다. 1책 6장으로 이루어진 대정현 금물리(혹은 금물로리)의 경우 본문의 내용은 제주목과 동일하지만, 말미의 7조항은 서로 상이하다. 이는 당시 절목을 내리면서 절목을 내리게 된 동기 등의 본문 내용은 3읍이 동일하였으나, 실천사항인 그 구체적인 조항은 각기 해당 읍에 관련된 내용만을 기록했기 때문이다. 그리고 제주목 도두리·수산리의 경우는 절목의 후반부에 '경자식년 호적급삼읍민렴방급조건질(戶籍及三邑民斂防給條件秩)'과 1840년(헌종 6, 경자) 4월에 작성된 '추절목(追節目)'이 부록되어 있다.

「적초지본전설치절목(籍草紙本錢設置節目)」은 1책 5장으로 되어 있으며, 1872년(고종 9, 임신) 11월 제주목에서 작성한 것이다. 내용은 호적작성에 소용되는 종이를 마련하기 위하여 본전을 설치하는 것이다. 당시 이와 같은 절목은 제주목 관하 모든 마을에 하송되었을 것으로 생각된다. 후기의 내용은 당시 관하의 마을을 대·중·소에 따라 본전을 차등 있게 지급했기 때문에 차이가 있을 수 밖에 없었다. 「고적인정목방급절목(考籍人情木防給節目)」은 1책 5장이며, 1880년(고종 17, 경진) 3월 백낙연 목사가 제주목 관하 83개 마을을 4等으로 구분하여 12냥부터 6냥까지 차등있게 지급한 절목이다. 지급된 돈의 액수에 따라 내용이 각 마을마다 차이가 있었다.

「통적책급식물책방폐절목(統籍册及食物册防弊節目)」은 1884년(고종 21, 갑신) 8월 심현택 목사가 제주목 85마을, 대정현 29마을, 정의현 41마을의 대·중·소에 따라 본전을 차등 지급한 것으로 1책 5장으로 이루어져 있다. 이 절목 역시 후기의 본전 액수는 마을에 따라 다르다. 「호구곡대전구폐절목(戶口穀代錢救弊節目)」은 1책 4장으로, 1893년(고종 30, 계사) 12월 대정현감 송두옥이 관하 29 마을에 하송한 절목이다. 하원·도문(현 회수)·사계리에서 확인된 절목을 비교했더니, 내용은 거의 대동소이하고, 절목의 필자에 따라 동의이자(同意異字)로 기재된 경우가 간혹 확인된다. 그리고 말미의 첫 조항 중 각 마을에 지급한 원전의 액수에 차등이 있음을 확인할 수 있다. 즉, 사계 28냥, 하원 18냥, 도문 12냥이 그것이다.

「호적지본전설치절목(戶籍紙本錢設置節目)」은 1책 5장으로 1900년(광무 4, 경자) 8월 3군 165 마을에 하송한 것이다. 필자가 확인한 자료는 제주목의 장전리, 대정현의 서사계리, 도문리에 해당하는 것인데, 내용은 대동소이하다. 다만 다른 절목과 마찬가지로 후기의 첫 조항 중 각 리에 지급한 원전의 액수가 장전리 13냥, 서사계리 18냥, 도문리 10냥으로 차이가 있을 뿐이다.

2) 감시절목(減柴節目)

1826년(순조 26)에 심영석 목사가 제주도 남정의 부담이었던 소목[땔나무]과 청초 등을 바치던 폐단을 덜어주기 위하여 각 마을에 내려보낸 절목이다. 땔나무의 경우 관용은 本米를 두고 관아에서 직접 사서 쓰게 함으로써, 백성이 바치는 것을 금년 가을부터 영원히 탕감한다는 내용이다. 그런데 문제는 진상하는 말과 소의 먹이로 쓰이는 청초는 변통하기가 어려우니 감해 주는 선에서 일단락되고 있다. 이 외에 이 절목에서는 탄[炭], 호계(戶鷄), 진임[眞荏, 참깨] 등의 탕감 방안에 대해서도 언급하고 있다. 이 문서는 각 마을에 보내진 것이므로 제주의 여러 마을에서 확인된다.

3) 산채사채사귤혁폐절목(山債私債私橘革弊節目)

1838년(헌종 4) 12월에 이원달 목사가 제주목 4면과 정의현, 대정현 등 6곳에 내려보낸 절목으로, 내용은 산채, 사채, 사귤과 관련된 것이다. 산채[산소 값는 토질의 비옥도에 따라 2등급으로 나누어 1등전의 값은 5냥, 2등전의 값은 2냥 반으로 법식을 마련하였으며, 포목(布木)이나 미곡(米穀)으로 환산하여 받도록 하였다. 그리고 만일 밭 주인이 대토(代土)를 요구하면 서로 시가(時價)에 따라 교환토록 하였다.

사채(私債)의 폐단에 대한 시정으로는 법전에 실려 있는 바와 같이, 10년이 되더라도 2 / 10의 이자만을 징수하도록 하여, 지나치게 징수하는 폐단을 바로 잡고자 하였다. 사귤(私橘)의 폐단으로는 관리들이 매번 귤흉년으로 진상용을 칭하면서 개인 집안의 귤을 마구 거두어들이는 것이었다. 이에 귤가미(橘價米) 25섬(17섬, 8섬)을 마련하여 폐단을 없애도록 하였다.

4) 지세곡정총절목(地稅穀定摠節目)

1859년(철종 10) 12월에 어사 심동신이 본도의 공해 및 민전을 제외한 목장에 딸린 일종의 토지에 부과되던 관아의 지세를 1/10로 정례화하는 내용이다. 수산봉기우절목(水山峰祈雨節目)은 애월읍 수산리민의 등장에 의해 수산봉에서 기우제를 지내는 것을 허락하는 것으로 기우제를 지내는 데 필요한 담당물품을 수산리 외에 인근 구엄장리, 중엄장리, 신엄, 장전리, 하귀일리, 상귀일리, 우로리, 금덕리별로 조목조목 나열하고 있다.

5. 기타

1) 어제윤음(御製綸音)

세 종류의 어제윤음이 확인되는데, 첫째는 1781년(정조 5) 6월 하순에 내린 윤음으로 박천형을 진휼어사로 제주에 파견하면서 제주민에게 내린 윤음이다. 내용은 제주목사, 제주판관, 대정·정의현감의 교체, 과거의 실시, 진상물의 경감을 명함과 아울러 민폐에 대해 어사에게 호소해 주기를 바라는 것이다. 둘째의 윤음은 1784년(정조 8) 12월에 내린 정조의 윤음이다. 내용은 나리포창의 곡식으로 제주민 구휼, 진상물의 경감, 지세의 감면 등의 조치를 통한 제주민 교화가 주를 이루고 있다. 셋째의 윤음은 1793년(정조 17) 11월 하순에 내린 윤음이다. 홍문관 교리 심낙수를 제주에 진휼어사로 파견하면서 정조가 제주민에 대한 특별한 심정을 토로하고, 민폐를 어사에게 조목조목 호소해 줄 것을 바라고 있다.

2) 첩정(牒呈)

「정의군 보목리 존위 경민장 첩정(광무 4년, 5월 29일)」은 정의군 보목리 존위 강(康)과 경민장 한(韓) 양인이 목사에게 올린 첩정이다. 내용은 분실된 물건을 놓고 주민간에 벌어진 싸움으로 리강(里綱)을 잡아드리도록 한 지령에 대해, 그 부당함을 입증하기 위해 실상의 연유를 보고하는 공문서이다. 「보목리두민 첩정(광무 10년 2월 9일)」은 보목리 두민(頭民) 강달정, 현응록, 한사목, 홍진은, 현익곤 등 7인이 일본인 동송(東松)씨가 삼도(森島)는 본인이 절수(折授)한 땅이라 하며, 땔나무를 모두 차지하려 하자, 이의 억울함을 정의군수에게 호소하는 내용의 문서이다.

3) 수산리민등등장(水山里民等等狀)

기유년 정월에 수산리 주민들이 목사(문서에는 城主로 표현하고 있음)에게 올린 등장이다. 내용은 제주목 관아의 외대문을 창건하는 공역의 업무를 수산리민에게 맡기자, 이에 주민들이 부당함을 지적하고 별복정(別卜定) 즉, 정간(井間)의 순서에 따라 시행할 것을 진정하는 것이다. 이에 성주는 향청에서 조사하여 아뢰도록 하고, 정간의 순서에 따라 시행하도록 처분하였다.

이 외에 1707년 3월에 조직된 「차일장입참책록(遮日帳入參册錄)」, 「경신재섬학전절목(敬信齋贍學錢節目)」, 「명도암 김진용행장(明道庵 金晉鎔行狀)」, 「혼례홀기」, 「향약문」, 「장막포 성책」, 「동접례 소용건기」, 「전결시초구폐절목(田結柴草救弊節目)」, 「보민전구폐절목」, 「읍폐민막교구절목」, 「시우구폐절목」, 「존위경민장구폐절목」 등 다양한 고문서들이 제주에서 확인된다.

III. 호적중초의 성격과 세계기록유산의 가능성

제주지역은 호적중초의 보고이다. 호적중초는 전국적으로 제주도에서 특히 집중적으로 발견되고 있으며, 제주도 내에서도 옛 대정현 지역에서 주로 발견된다. 지금까지 확인된 대정현이었던 지역의 호적중초로는 대포리 33책, 덕수리(자단리) 46책, 도순리(돌송리) 50책, 동성리(안성리) 38책, 사계리(금물로리) 44책, 월평리 14책, 일과리 52책, 중문리 41책, 하모슬리 43책, 하원리 36책, 회수리(도문리) 26책으로 모두 423책에 이른다. 이 외에도 대정현 일부 마을의 호적중초가 더 발견될 가능성은 매우 많다. 그렇게 볼 때 제주 4·3 당시 리사무소가 불에 타버려 호적이 없어진 경우가 있지만, 제주 옛 대정현 지역에서만 600여 책의 호적중초가 남아 있을 것으로 예상된다.

여기에 통적류 및 민적부 등의 호적자료를 포함하면 1,000여 책 이상의 호적중초가 현재 대정현 지역에 남아 있는 셈이 된다. 반면에 제주목

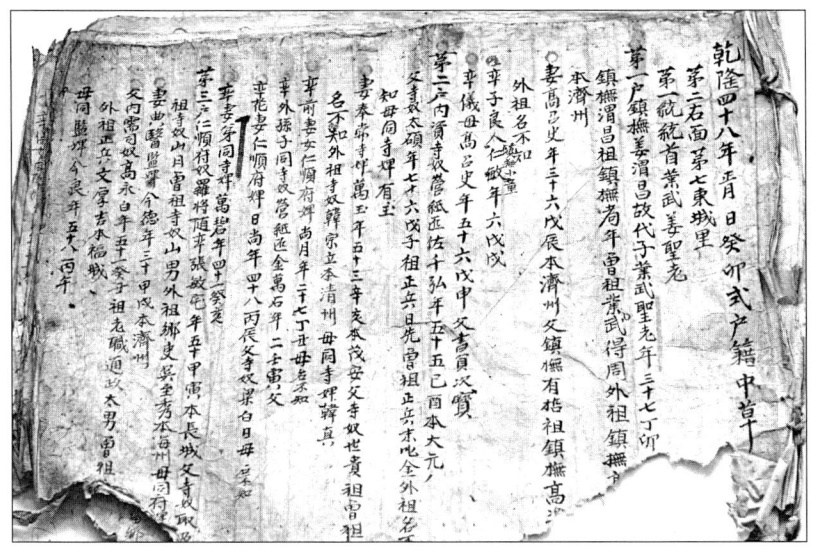

사진 1. 1783년 동성리 호적중초

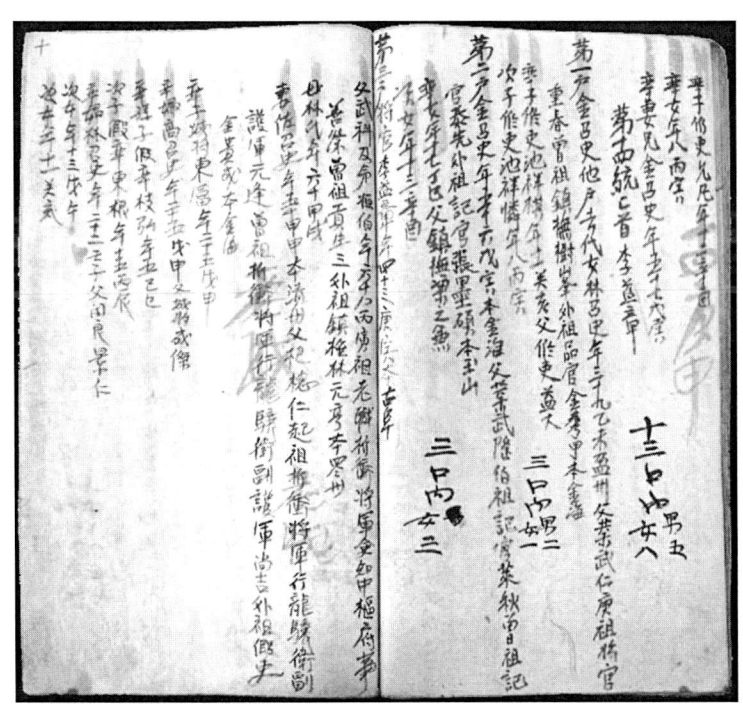

사진 2. 1812년 대정현 하모슬리 호적중초, 여성호주의 예

지역의 경우는 옛 도두리, 중엄리 · 장전리 · 상가리 등에서 일부 확인되고 있다. 그러나 이들 지역의 자료는 자료의 원상이 대부분 훼손되어 두루마리 형태로 마구 보관되어 있어 보관 상태가 매우 불량하다. 자료의 복원을 위해서는 막대한 인력과 장기간의 시간이 절대적으로 필요한 실정이다. 따라서 제주목이 호적중초의 분량은 정확히 파악하기가 곤란한 실정이다. 어떻든 제주지역의 호적중초는 전국적으로 방대한 자료가 아닐 수 없다.

정약용의 『목민심서(牧民心書)』에 의하면,「중초(中草)란 초본(草本)이다. 이것이 대장(臺帳)에 비하여 좀더 사실에 따른 것이다」라 하여 호적중초가 호적대장보다 더욱 사실에 입각해서 기록하고 있었음을 말해준다. 전근대사회에서의 인구파악은 호구조사에 의해 이루어졌다. 당시 호구조사의 목적은 국역(國役)을 부과하기 위한 기초자료로 활용하기 위한 것이었다. 바로 이러한 호구조사에 대한 행정적 문서가 바로 호적이다. 호적대장의 올바른 역사성을 규명하기 위해서도 호적중초의 자료는 매우 중요하다. 그러므로 제주지역의 호적중초는 단순한 제주지역에 국한된 문제만이 아니라, 한국사 연구의 지평을 확대하기 위해서도 제주지역 호적중초의 체계적인 조사와 영인 작업은 매우 유용하다.

제주 지역의 경우 군현의 인구상황을 한 눈에 파악할 수 있는 호적대장은 제주목 · 대정현 · 정의현 어느 지역에서도 아직까지 확인되지 않고 있다. 아마 이러한 자료의 발굴은 그간의 조사에 의하면 거의 불가능한 일로 생각된다. 호적중초는 어떠한 과정 속에서 작성되었을까. 일반적으로 호적의 작성은 식년(간지가 자 · 묘 · 오 · 유인 해) 그 해에 이루어지는 것이 아니라, 그 전년인 인 · 신 · 사 · 해를 포함하는 해의 7월부터 시작되었다. 즉, 이 시기에 이르면 수령은 호적의 작성 업무를 담당할 관리를 두고 본격적인 업무를 시작해 나가게 된다.

호적 작성 업무에 관여하는 각 마을의 리정(厘正) · 감고(監考) · 별유사(別有司) · 존위(尊位)는 각 호의 호구단자(2통)를 수합하여 마을 자체적으로 호적중초를 작성한 것으로 보인다. 그리고 마을에서는 각 호에서 수합한 호구단자와 자체적으로 작성한 호적중초를 11월 혹은 12월경에 해당 관청에 제출하였다.

이를 받은 관청에서는 지난 식년의 호적대장과 대조하여 이상유무를 확인하고 이상이 있으면 주서(朱書)로 정정하고, 통호를 기재하여 수령의 서압이나 관인을 찍은 다음 각 리에 내려 보내게 된다. 그러면 리에서는 호구단자의 경우 각 호에 나누어 주고, 호적중초는 마을에 보관하면서 징세 및 징역에 참고하였다. 호적의 작성은 이와 같이 식년의 전해에 이루어지지만 그 내용은 어디까지나 식년에 기준해서 이루어졌다. 각의 내용은 호의 직역·성명·나이·본관, 부·조·증조의 직역과 이름, 외조의 직역·성명·본관, 호주 처의 성·칭호·나이·본관 및 4조(부·조·증조·외조)의 직역과 이름, 그리고 함께 거주하고 있는 자녀는 물론 화첩·노비·고공, 차입자가 있을 경우에도 빠짐없이 상세히 기록하였다. 또한 각 호마다 남녀의 수를 구분하여 기재하기도 하였다. 호적중초의 말미에는 원호, 인구와 남녀의 통계(장·노·약으로 구분하여 기재하는 경우도 있음), 도망자 또는 표류자가 있을 때에도 이를 구분하여 기록하였다.

호적중초는 시기적으로 18세기 후반에서 20세기 전반에 이르기까지 매 3년마다 마을의 인구변화를 매우 구체적으로 기록해 놓고 있다. 주민에 대한 호구조사는 권력유지의 수단이며, 인구동태의 파악은 곧 주민에 대한 국가권력의 위상을 상징하는 것이었다. 더구나 매 3년마다 출생과 사망, 신분의 변동, 인구변동, 혼인관계 등을 면밀하게 기록한다는 것은 그 어느 국가에서도 찾아보기 어렵다. 따라서 호적중초는 마을을 대상으로 거주민의 실상을 매 3년마다 기록했다는 점에서 세계에서 찾아 볼 수 없는 유일한 문서로 '세계기록유산' 으로서의 가치가 충분히 있다고 판단된다. 호적중초를 세계기록유산으로 등재하기 위한 노력이 절실히 요청된다.

왜냐하면, 세계적으로 호구조사는 잉카제국에서 가장 먼저 행해진 것으로 알려져 있지만, 기록상으로는 지금으로부터 5,800년 전 바빌로니아에서 이루어진 것으로 전해진다. 특히, 로마에서는 B.C. 550년 경부터 사람을 군인으로 징발하고 세금을 부과하기 위한 목적으로 인구조사를 행하는 것을 제도화 하였다. 유럽에서는 교구민(敎區民)의 세례나 결혼, 장례, 성서 해독 능력 등 주로 종교적 목적에 의해서 작성된 인구자료가 남아 있다. 프랑스 · 독일 · 영국 · 이탈리아 · 스웨덴 등의 교구대장(Parish registers), 벨기에와 네덜란드의 인구대장 등이 남아 있다. 중국에서의 인구파악, 일본에서는 기독교인을 조사하여 탄압하기 위해 종문개장(宗門改帳) 및 인별장(人別帳)이 작성되었다. 그러나 이러한 문서는 매우 한시적으로 작성되거나 30년 이상의 시간차를 두고 작성된 것이 대부분이다. 제주의 호적중초처럼 3년을 단위로 마을 거주자를 면밀하게 기록한 자료는 찾아보기가 어렵기 때문이다.

IV. 맺음말

최근 역사 연구에 다양한 자료들이 이용되기는 하지만, 그것은 어디까지나 역사 해석의 보조적 수단에 지나지 않는다. 따라서 '역사 연구의 일차적 토대는 사료'라는 말은 아무리 강조해도 지나친 것이 아니다. 제주지방사 연구에 있어서 다양한 자료들을 적극적으로 이용하고 해석해야 하는 것은 당연하다. 그 중에도 문헌자료의 활용은 필수불가결한 것이다. 문헌 자료로는 삼국사기 · 고려사 · 조선왕조실록 · 비변사등록 · 승정원일기 · 일성록 등의 관찬사서류, 세종실록지리지 · 신증동국여지승람 등의 관찬읍지류, 탐라지 · 탐라지초본 등의 사찬읍지류, 제주풍토록 · 남사록 등의 개인 문집 자료들이 있다. 나아가 금석문 자료들도 중요한 자료라 할 수 있다.

그러나 관찰사 서류나 읍지류 및 개인 문집류에 나타난 제주 관계 기사 내용들은 중앙중심적 시각이 일정하게 반영되고 있을 뿐만아니라, 그 내용들이 매우

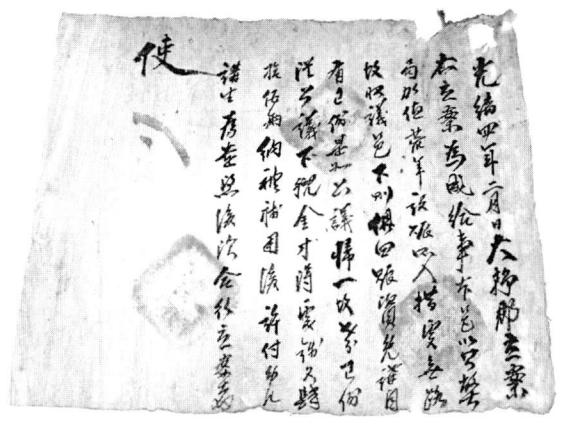

사진 3. 1878년(고종 15) 대정군 입안, 하예리 김재득

단편적으로 전해지고 있는 경우가 많다. 따라서 제주지방사를 보다 객관적으로 복원하기에는 많은 한계가 있다. 이를 보완하기 위한 고문서 자료의 체계적인 수집과 정리는 필수적이다.

나아가 호적자료과 같이 방대한 자료를 수집, 가공처리하여 데이터베이스로 구축한 뒤 검색 시스템을 활용하면 원하는 정보를 손쉽게 찾을 수 있을 뿐만 아니라, 개인적 차원의 카드 작업과는 비교할 수 없는 연구의 질적 변화가 이루어 질 것이다. 호적자료의 전산화는 역사학 뿐만 아니라, 사회학, 인구학, 통계학 등 인접학문 분야와의 학제간 협동 연구를 활성화시키는 데도 기여할 것이다.

특히, 현재 한국 사회에 남아 있는 호적과 민적부들 가운데 제주지역처럼 장기간에 걸친, 특히 단계별로 커다란 변동이 있었던 시기들을 일관되게 볼 수 있는 자료는 거의 남아 있지 않다. 제주도의 호적중초와 민적부의 자료 발굴과 데이터 베이스 구축 작업은 각 마을의 인구, 가족 및 신분 변동을 시계열적으로 분석할 수 있는 귀중한 자료이다. 나아가 세계기록유산으로서의 가치도 충분하다고 판단되므로, 제주의 호적중초를 유네스코 세계기록유산(UNESCO Memory of the World)으로 등재할 수 있도록 서로의 노력이 필요하다.

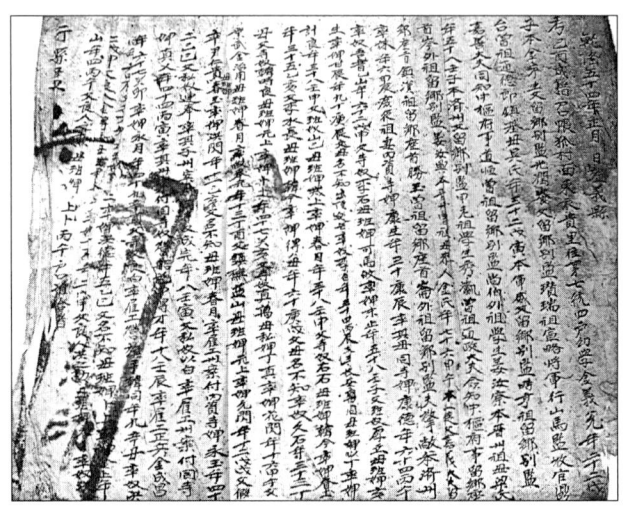

사진 4. 제주 김만일가 준호구

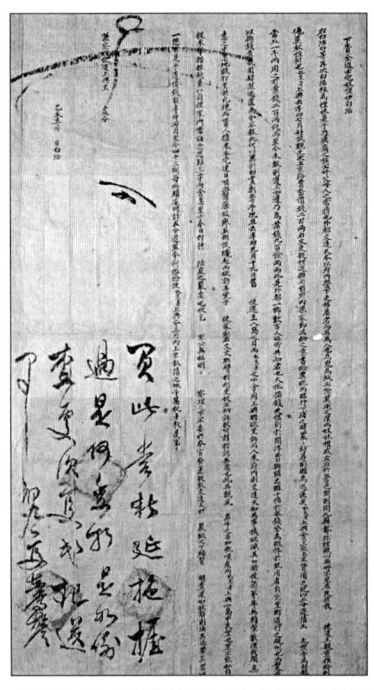

사진 5. 을미년 3월 발괄, 하귀리 김진사댁
　　　　노비 동이

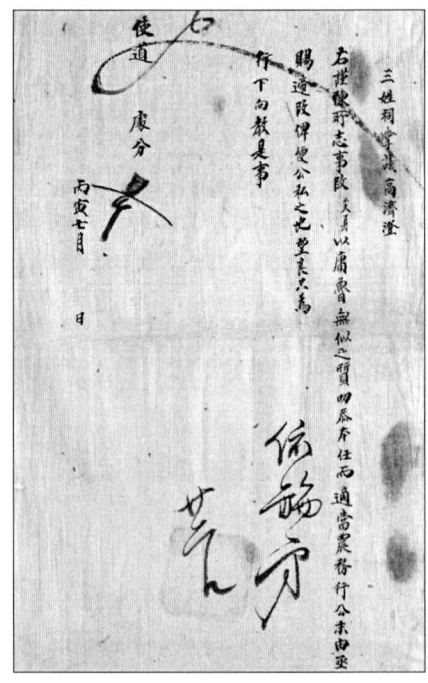

사진 6. 병인년 7월 삼성사 장의 고제징의 소지

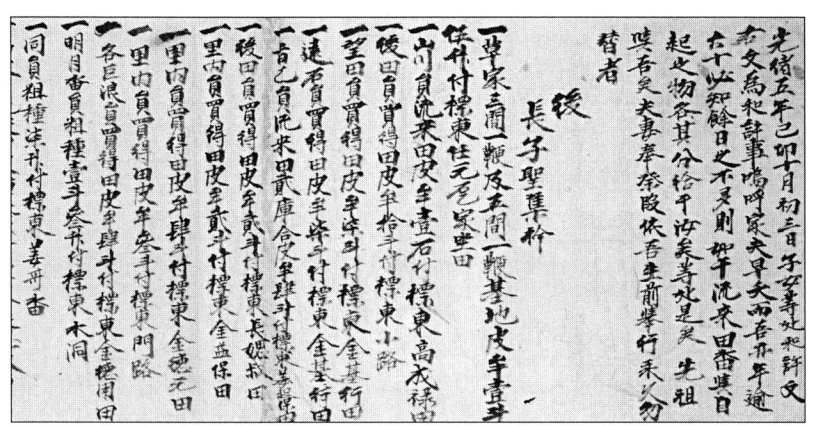

사진 7. 1879년(고종 16) 화허문

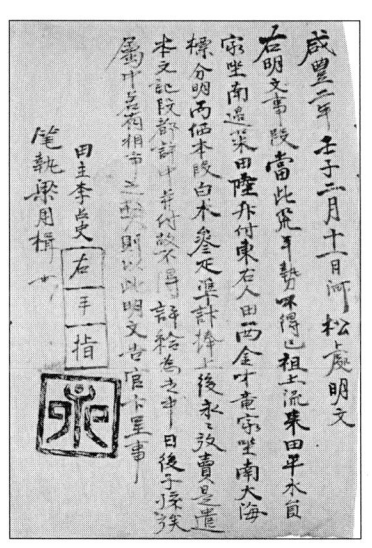

사진 8. 1852년(철종 3) 명문

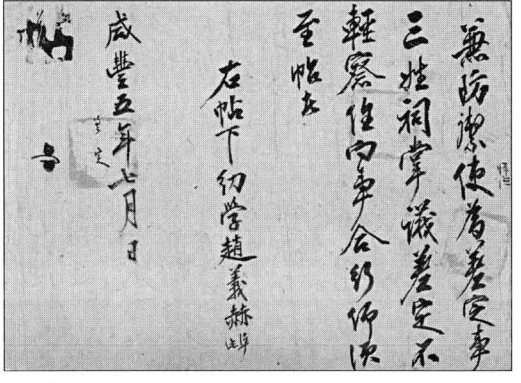

사진 9. 1855년(철종 6) 7월 삼성사 장의 첩문, 유학 조의혁

참고문헌

최승희, 『한국고문서연구』(증보판), 지식산업사, 1989.

이해준 외, 『생활문화와 옛문서』, 민속박물관 학술총서 10, 1991.

정구복 외, 『호남지방 고문서 기초연구』, 한국정신문화연구원, 1999.

김동전, 「생활문화와 고문서」, 『조선시대제주문물전』, 제주대학교박물관, 1992.

김동전, 「제주향토사관련 자료의 종류와 역사적 성격」, 『제주도사연구』7, 제주도사연구회, 1998.

고창석, 『제주도고문서연구』, 제주대학교 탐라문화연구소, 2001.

김동전, 「조선후기 제주지역 호적중초의 실태와 그 성격」, 『역사민속학』20, 한국역사민속학회, 2005.

김동전, 「인구와 호적」, 『지방사연구입문』, 역사문화학회, 민속원, 2008.

김동전, 「제주향교 소장 조선후기 고문서자료의 종류와 내용」, 『역사와실학』36, 역사와실학회, 2008.

제주대학교 박물관, 『제주 옛 문서의 빗장을 열다』, 2010년 인문주간 특별전 전시도록, 2010.

한국의 역사와 문화 그리고 제주

몽골제국, 제주에 주목하다

윤용혁 공주대학교 역사교육과 교수

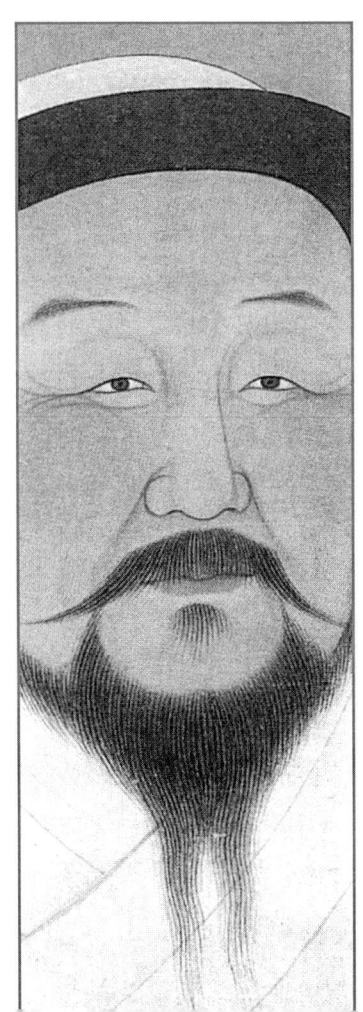

▲ 제주도의 해양적 가치를 주목한 원세조 쿠빌라이

몽골제국, 제주에 주목하다

제주도 역사에서 첫 번째의 큰 역사적 파도는 13세기 삼별초와 몽골의 제주 지배이다. 13, 4세기를 경험하면서 제주도는 중앙 정부의 집권체제에 완전히 포함되게 되었고, 대륙의 문물과 문화를 그대로 접하게 되었다. 이러한 급격한 문화적 충격 이외에 제주도는 이 시기에 백년을 사이에 둔 두 차례에 걸친 치열한 살상의 비극을 경험하였다. 1273년 삼별초의 패망, 그리고 1374년 목호의 난이 그것이다. 그 중심에 몽골이 있다.

Ⅰ. 1260년 - 고려가 주목한 제주

제주도가 고려의 한 행정구역으로 정식 편제되는 것은 건국 후 2백년이 경과한 숙종 10년(1105)의 일이다. 이때 제주도는 '탐라군' 으로 편제되었으나, 정작 지방관이 파견되는 것은 그로부터 다시 반세기 후인 의종대의 일이었다. 의종 7년(1153) 경 '탐라현' 으로 개편하여 처음으로 현령이 파견된 것이다. 그 후 탐라가 '제주' 로 이름이 바뀐 것은 몽골 침입 10년 쯤 전인 고종 10년(1223) 경의 일이다.

제주도가 중앙정부로부터 중요한 전략적 공간으로 주목되기 시작한 것은 몽골의 침략 때문이었다. 고종 18년(1231) 몽골의 침입을 받은 고려는 이듬해 1232년 개경으로부터 인근의 강화도로 도읍을 옮겼다. 그리고 산성과 연해의 섬을 거점으로 한 몽골과의 항전을 결의하고 항전을 지속 하였다. 제주도가 고려정부의 시야에 들어오기 시작한 것은 전쟁이 장기화 되고 강화도에서의 항전이 일정한 한계에 봉착하게 되면서이다. 원종 원년(1260) 2월 『고려사절요』에 당시 제주 천도설에 대한 소문이 유포되고 있음이 기록되어 있다. "(백주 소부별감) 김수제와 별장 우탄(于綻)이 함께 체발하고 야속달의 둔소에 있으면서 고하기를 고려는 급한 일이 있으면 반드시 제주로 옮길 것이다. 지금 구경(개경)으로 돌아간다고 하는 것은 거짓이다."라고 한 것이 그것이다.

제주 천도설이 유포된 비슷한 시기(1월)에 강도정부는 제주부사 나득황으로 하여금 방호사를 겸직케 하는 조치를 취한다. 제주는 특별히 방호별감을 보내 비상에 대비해야 하지만, 일단 제주부사가 방호사를 겸직하도록 한다는 것이다. 고려 강도 정부는 바로 그 전년 고종 46년(1259) 4월 태자 전(원종)이 처음으로 몽골에 입조하여 즉위 이전의 쿠빌라이를 만나고 이듬해 1260년 3월 환국하였다. 제주 천도라는 풍문과 제주부사의 방호사 겸직은 고종의 사망 이후(1259년 6월), 태자(원종)의 귀국(1260년 3월) 사이의 시점이었던 셈이다. 이때는 강도정부가 몽골에 대하여 복속과 개경에의 환도를 약속한 상태였는데, 그럼에도 불구하고 당시 김준의 무인정권 내부에서 거점을 강화도에서 제주도로 옮기는 문제에 대해 깊이 있는 논의가 있었음을 암시한다. 그러나 즉위한 쿠빌라이는 원종에게 퍽 온건한 조치를 취하였다. 1260년 8월 왕족 영안공 희를 통하여 전달된 쿠빌라이 조서에는 의관(衣冠)은 본국 풍속대로 해도 좋고, 개경 환도문제도 "늦든지 빠르든지 힘을 헤아려서" 해도 좋다는 것이었다. 강도정부는 일단 숨을 돌리게 된다.

이후 제주 천도설이 다시 부상하는 것은 몽고의 개경 환도 독촉이 심해지던 원종 9년(1268)의 일이다. 원종 9년 3월 "김준은 장군 차송우의 말을 듣고, (몽고)사신을 죽이고 깊이 바다 속으로 도망하고자 하여 두 번이나 왕에게 아뢰었으나 왕이 듣지 않았다"는 것이다. 원종이 거부하자 김준은 왕을 폐위시킬 심산이었다. 그러나 이 계획은 실행에 옮겨지지 못했다. 도병마녹사 엄수안이 김준의 동생 김충을 설득, 원종 폐위를 저지하였던 것이다. 그리고 그해 12월 김준은 원종과 결탁한 임연에게 제거 당하였다.

그러나 집권한 임연은 원과 결탁한 원종과 갈등 하였고, 마침내 원종 폐립이라는 비상조치를 취하였지만, 이것은 원의 개입에 의하여 반 년 만에 원종을 다시 복위시키지 않을 수 없었다. 임연은 원과 결탁한 원종의 정치적 압박에 의하여 그 입지가 극도로 불안해진 것이다. 임연에 있어서 남은 방법은 강도를 포기하고 새로운 거점에서 새로 왕을 세우는 것이 유일한 대안이 될 수밖에 없었다. 이 시기에 제주도에의 천도 풍문은 다시 떠돌기 시작하였다. 적어도 이 무렵 천도 계획은 구체적으로 추진된 것으로 보인다. 실제 이때 제주도 대신 진도에의 용장성 건설 작업은 진행중에 있었던 것으로 보인다. 제주도 대신 진도 천도를 선택한 것이다. 11월 복위한 원종은 원에 입조하여 쿠빌라이를 알현하였다. 그리고 이듬해 원종 11년(1270) 2월 임연이 돌연 사망하였다. 심리적 압박감을 이기지 못한 것이 사망의 큰 이유였을 것이다. 임연에 이어 아들 임유무가 집권하였지만 이미 정치적 사세는 몽골에 결탁한 원종으로 넘어가 있었다. 1270년 5월 원으로부터 돌아온 원종은 강화도로 들어가지 않고 개경으로 들어와 개경환도를 선언하고 무인정권을 무너뜨린 후, 삼별초의 해체를 선언하였다.

무인정권의 붕괴, 개경환도의 소용돌이 속에서 삼별초는 이에 반발, 선박 1천 척을 동원 하여 남쪽 진도로 그 거점을 옮기고 항전을 지속하였다. 그리고 이듬해 1271년 5월 진도가 점령되자 그 일부는 다시 제주도로 옮겨 원종 14년(1273)까지 항전은 이어진다. 주지하다시피 애월에 있는 항파두리성이 당시의 삼별초 거점이다.

II. 1273년 - 몽골이 주목한 제주

원종 12년(1271) 삼별초의 제주 입거가 제주 사람들에게 커다란 화가 되었다고 말하는 것은 빈 말이 아니다. 제주도는 이제 전시동원 체제로 전환되고, 항파두성, 환해장성의 축성을 비롯한 각종 노역과 군량의 공급 등을 담당하지 않으면 안되었기 때문이다. 원종 14년(1273) 여몽연합군의 공격으로 항파두성이 점령되고 삼별초는 진압 되었다. 삼별초의 지도부는 자결하고 살상된 자 이외에 1천 6백이 포로로 잡혔다. 그러나 그 보다 훨씬 많은 사람들이 다른 지역으로 몸을 피했던 것 같다. 충렬왕 원년(1275) 7월 '제주도루인물추고색' 이라는 전담의 관부가 설치되고, 이듬해 1276년 7월에도 원이 왕연생을 보내 탐라인물을 찾아내도록 독려하고 있는 것을 보면, 제주 삼별초 세력은 적지 않은 수가 본토 혹은 연안 도서의 각처에 흩어져 숨어들어갔던 것이다. 오키나와에서 출토하는 계유명 고려기와가 주목되는 것도 이 때문이다. 고려 와장이 만든 문제의 계유년이 삼별초가 제주에서 무너진 1273년에 해당할 수 있기 때문이다.

문제의 '계유년명' 기와는 '계유년에 고려의 기와 기술자가 제작한 것' 이라는 것으로서, 오키나와의 우라소에성과 슈리성(首里城) 등지에서 다수 출토하여 이미 70여 년 전부터 주목되어온 자료였다. 5백년 고려 역사 가운데 이 '계유년' 이 구체적으로 어느 연대를 지칭한 것인가에 대해서는 1153년, 1273년, 1333년, 1393년 등이 제시되었으며, 그동안의 논의를 통하여 대략 1273년(고려 원종 14년)과 1393년(조선 태조 2년)의 두 가지 설로 압축되고 있다. 삼별초 패망 이후 많은 인물의 도산(逃散)이 있었다는 것은 제주로부터 류큐열도에의 집단 이주가 가능성 있는 스토리임을 암시하는 것이다.

그러나 삼별초의 패망이 제주에서의 전란의 종식을 의미하는 것은 아니었다. 제주도가 갖는 지리적 경제적 가치에 착안한 몽골은 제주 점령

이후 이곳에 탐라총관부를 설치하
고 제주도를 아예 고려에서 분리,
원의 직할령으로 관리하였기 때문
이다.

　제주도가 몽골의 관심을 끌게
된 첫 계기는 원종 7년(1266) 11월
탐라성주 양호가 원종을 알현한
뒤 정언 현석과 함께 몽고에 입조
한 것이었다. 탐라성주의 돌연한

사진 1. 오키나와 출토의 고려 기와

몽골 입조 이유는 기록에 나와 있지 않다. 그러나 이것이 몽골의 명에
의하여 이루어진 것이었음은 의심의 여지가 없다. 당시 몽골은 고려에
대한 상세한 정보를 가지고 있었고, 그 가운데 일본 혹은 남송 정벌을
위한 유효한 거점기지로 제주도를 주목하기 시작한 때문이다. 그리하
여 원종 9년(1268)에는 탐라에 전함 1백 척의 건조를 명하기도 하고 이
듬해 1269년에는 드디어 몽골장군 탈타아, 왕국창, 유걸 등을 파견하여
제주도에 대한 현지 점검을 시행하였다. 그러나 뒤이어 삼별초의 봉기,
이들에 의한 제주 점거 등에 의하여 몽골이 제주도에 대하여 이 시기 더
이상의 구체적인 조치를 취하는 데까지는 이르지 못하였다.

　1273년 삼별초의 패망에 이어 제주에 대한 지배권은 몽골에 넘겨졌
다. 원은 탐라국초토사라는 관부를 설치하고 군대를 주둔시켰다. 한편
으로 고려 정부로 하여금 제주 백성 1만 223명에게 곡식을 지급하도록
조치하기도 하였다. 탐라국초토사는 충렬왕 원년(1275) 탐라총관부로
개편하고 다루가치를 보내 그 지배를 강화하였다. 초토사가 군사적 성
격이 강한 관부라고 한다면 총관부는 민사적 성격이 강한 지배기구라
할 수 있다. 제주도는 대체로 충렬왕 31년(1305)까지 원에 의하여 직접
지배되었다. 삼별초 3년 정도의 기간에 비하면 이는 그 10배 정도의 기
간이 되는 셈이다. 이 기간 제주도는 원의 목마장으로서 중요하였고,

사진 2. 제주도의 해양적 가치를 주목한 원세조 쿠빌라이

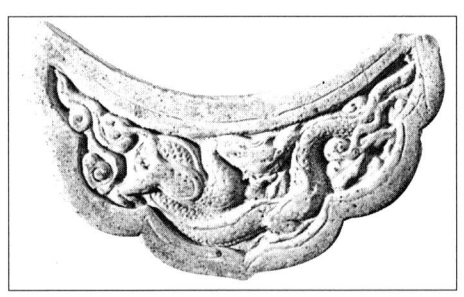

사진 3. 막새기와, 법화사지 출토, 국립제주박물관

외부로부터의 유입에 의하여 인구도 급격한 증가가 있었다. 충렬왕 26년(1300) 제주에 제주목 이외에 14개 현이 설치된 것은 이같은 제주도의 인구 증가를 반영하는 조치였다. 따라서 제주도의 역사문화 형성에 있어서 몽골(원)문화의 영향은 결코 간과할 수 없는 중요한 비중을 갖게 된다. 몽골은 원제국을 성립시켜 중국적 세계문화를 발전 시켰기 때문에, 이 시기의 몽골문화는 유목적 전통문화 이외에 수준 높은 원의 세계문화가 제주에 함께 유입되었다고 할 수 있다.

서귀포시 하원동 소재 법화사는 원의 세계문화가 제주도에 정착하는 거점의 하나였다. 1992년부터 6년간에 걸친 절터에 대한 발굴조사 결과 특수건물지의 대형초석, 청자 대접과 함께 용문, 봉황문 등 원대 황실풍의 막새기와 같은 흥미 있는 유물이 출토하였다. 또 '지원6년 기사시중창 16년기묘필(至元六年 己巳始重創 十六年己卯畢)' 이라는 명문와가 나왔다. 법화사의 중창이 지원6년(1269, 원종 10) 시작되어 1279년(충렬왕 5)

에 마무리 되었다는 사실을 기록한 것이다. 1269년이라면 고려 중앙에서 제주에 대한 관심이 높아가고 있는 시점이다. 이로써 생각하면 법화사의 창건은 처음 무인집정자의 관심에 의하여 시작된 이후, 제주에 있는 총관부에 의하여 작업이 완공되어 원 지배층 혹은 제주 유력층의 종교적 문화적 중심 공간으로 기능하였던 것으로 생각된다.

III. 1374년 - 범섬에서의 최후, 목호의 난

조선 초에 제작된 『동국여지승람』에는 제주도에 원을 본관으로 한 다수의 성씨가 있음이 언급되어 있다. 조(趙), 이(李), 석(石), 초(肖), 강(姜), 정(鄭), 장(張), 송(宋), 주(周), 진(秦)씨 등이 그것이다. 이것은 원 지배기가 제주 사회에 얼마나 깊은 영향을 미쳤는가를 단적으로 보여주는 자료이다. 몽골 혹은 원의 문화는 이미 제주문화 형성에 중요한 하나의 줄기가 된 것이라 할 수 있다. 그러나 바로 이같은 역사는 또 다른 비극의 근원이 되었다.

공민왕 23년(1374) 명에서 탐라의 말 2천 필을 요구해 왔다, 몽고가 제주사회를 지배했던 때로부터 1백 년 뒤의 일이다. 그 사이 원제국은 이미 왕년의 성세를 완전히 상실하고 새로 일어난 한족왕조 명에 의하여 1368년(공민 17) 멸망하였다. 중원을 장악했던 몽골은 옛 초원지대로 쫓겨나 다시 유목의 집단으로 돌아갔고, 제주에 설치된 총관부도 오래전 폐지되어 제주도 역시 고려의 지배권이 회복되어 있던 상태이다. 그러나 고려는 이제 원 대신 신흥의 명에 대한 사대정책을 취하고 있었다.

명이 요구한 군마용 제주말 2천 필을 징발하기 위하여 고려의 관원이 제주에 파견되었다. 그러나 제주 목호들은 이를 거부하였다. 그것은 어디까지나 일방적 수탈이었기 때문이다. '목호(牧胡)'라는 것은 목축 관리자들로서, 원의 목마장 설치와 함께 제주에 들어온 몽골인이었다. 원래 원은 제주도에 동, 서 2개소에 아막을 설치하여 목마장의 거점을 삼았다. 그러나 이들 목호들은 3, 4대를 내려오면서 제주민과 혈연적으로 섞이게 되고, 따라서 이 시기의 목호는 이미 제주에 뿌리를 내리고 지역세력으로 화한 상태였다.

제주 목호의 반발에 대하여 고려 조정은 크게 분노하였다. 이번 기회에 이들 세력을 제거하고 중앙정부의 지배권을 제주 사회에 확실히 정착시켜야 한다고 생각하였다. 정부는 최영을 도통사에 임명하여 진압군을 지휘하게 하였다. 제주 목호를 정벌하기 위하여 동원된 군사 규모는 상상을 초월하였다. 군선이 314척, 군대가 무려 25,605인이었다. 삼별초 진압을 위하여 제주에 파견된 여몽군의 규모가 군선 160척, 병력 1만 2천이었던 것에 비하면, 목호의 난 진압을 위하여 동원된 병력의 규모는 그 2배에 달하고 있는 것이다.

최영은 출정하는 휘하 군사들에게 다음과 같은 명령을 하명하였다.

- 각도 선박은 서로 혼동하지 않도록 돛대 위에 깃발을 꽂아 표시할 것
- 배에는 책임관을 두어 질서 있게 행선하도록 할 것
- 출발한 후에는 각각 대오를 정돈하며 연료와 음료수를 적시에 공급할 것
- 제주에 도착하면 각각 병선을 거느리고 진군하여 누구도 뒤처지지 않도록 할 것
- 부대는 각각 근거지를 가지고 봉화로써 연락할 것
- 전체 부대의 행동은 도통사의 호각 소리에 따를 것
- 주민들 중에 적에 가담하여 명령을 따르지 않은 자는 모조리 무찌르고 항복하는 자는 추궁하지 말 것
- 적 괴수의 재산은 모두 몰수하고 일체의 계약 문건과 금은으로 만든 패, 인장 및 말 등록부는 모두 몰수할 것
- 절, 도교사원, 신사를 지키는 자는 손대지 말 것
- 전투에 힘써 싸우지 않는 자는 처벌할 것

사진 4. 목호 최후의 거점, 범섬

 1374년 7월 23일 명을 받은 최영은 8월 초 나주 영산포에서 열병하고, 보길도를 거쳐 8월 28일 추자도를 출발하여 명월포에 상륙하였다. 비양도 앞 한림읍에 소재하는 명월포는 삼별초의 좌군이 상륙하였던 포구이다. 몽골의 거점이었던 동, 서아막은 성산리 수산리와 한경면 고산리 일대로 추정하고 있다. 최영의 진압군이 명월포로 상륙한 것은 고산리 일대에 거점을 둔 서아막이 공격의 1차 목표였음을 말해준다.

 고려 진압군이 명월포에 상륙하자 서아막의 하치(哈赤)인 석질리필사(石迭里必思), 초고독불화(肖古禿不花), 관음보(觀音普) 등이 기병 3천을 포함한 부대를 끌고 나왔다. 치열한 싸움 끝에 고려군은 서아막의 군을 한라산 남쪽으로 밀어붙였다. 목호군이 서귀포 해안의 범섬으로 몸을 피해 들어가자 최영의 군은 이를 포위 압박하였다. 초고독불화(肖古禿不花), 관음보(觀音普)는 절벽 밑으로 몸을 던져 자결하였고, 석질리필사는 항복하였으나 세 아들과 함께 비참한 죽음을 당하였다. 최영군은 이어 동아막의 하치(哈赤) 석다시만(石多時萬), 조장홀고손(趙莊忽古孫)의 군을 무너뜨리고 이를 철저히 제압하였다.

8월 28일부터 9월 23일까지 한 달 동안의 작전에 의하여 목호란은 진정되었고, 이에 의하여 원 간섭기에 부식되었던 몽골 세력은 고려에서 마지막으로 그 뿌리를 잘린 셈이 되었다. 10월 최영은 개경으로 개선하였지만, 그를 기다리고 있는 것은 공민왕의 비참한 죽음이었다.

14세기 목호란에 있어서 최영의 승전 못지않게 주목하여야 할 사실은 이 전쟁에 의하여 상당수에 이르는 제주도민이 최영의 진압군에 의하여 희생되었다는 사실이다. 목호란의 원인은 한편으로는 공민왕의 반원정책과의 관련에서 찾을 수 있지만, 다른 한편으로는 고려정부의 제주도에 대한 수탈적 지배에 원인이 있다. 목호의 군에 대하여 제주에 대한 고려 원정군이 무려 3만에 가까웠다는 것은 얼른 이해되지 않는다. 이것은 목호의 난이 단순히 제주도에서의 원의 말초 세력만의 반란이 아니었다는 점을 말해준다. 목호의 난이 가능한 것, 그리고 이에 대하여 고려정부가 대규모 원정군을 파견하지 않을 수 없었던 데에는 목호의 난에 제주 지역민이 밀접히 연결되어 있었던 것이다.

목호란의 비극의 상징적 현장 범섬(虎島)은 서귀포시 법환동 해안에서 약 2km 떨어져 있는데, 동서 450m, 남북 580m 크기의 섬으로 호랑이 같은 모습에서 이름이 유래되었다고 한다. 섬은 작지만 주상절리와 해식동굴로 빼어난 경관을 자랑하고 있다. 제주 목호의 지휘부가 처참한 죽음을 당한 비극적 역사가 범섬의 경관을 더욱 비감하게 만들고 있다.

참고문헌

고창석, 「원명 교체기의 제주도 - 목호란을 중심으로」, 『탐라문화』4, 1985.

국립제주박물관, 『제주의 역사와 문화』, 2001.

김구진, 「여원의 영토분쟁과 그 귀속문제」, 『국사관논총』7, 1989.

김일우, 『고려시대 탐라사연구』, 신서원, 2000.

김일우, 『고려시대 제주사회의 변화』, 서귀포문화원, 2005.

김창현, 「고려의 탐라에 대한 정책과 탐라의 동향」, 『한국사학보』5, 1998.

윤용혁, 『고려 삼별초의 대몽항쟁』, 일지사, 2000.

윤용혁, 「송징과 김통정-삼별초의 민중영웅」, 『김윤곤교수 정년기념논총』, 2001.

윤용혁, 「13세기 동아시아 역사와 삼별초문화」, 『북제주문화』1, 2004.

이영권, 『새로쓰는 제주사』, 휴머니스트, 2005.

제주시, 『탐라사』, 2010.

한반도와 중국 동북지역의 청동기시대 무덤과 부장유물

이청규 영남대학교 문화인류학과 교수

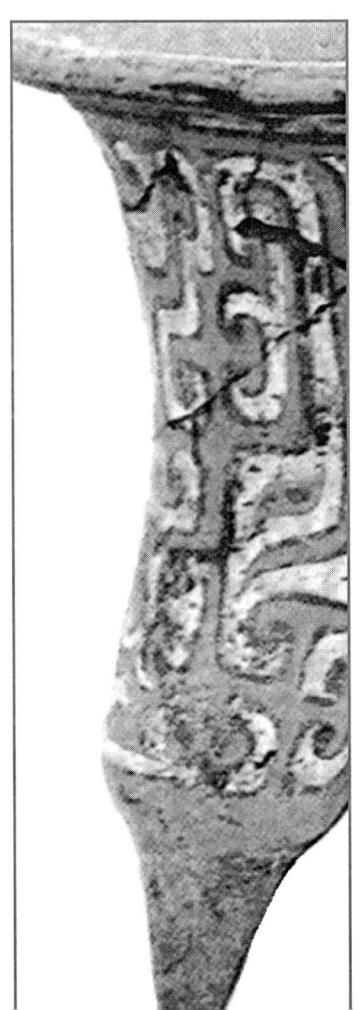

▲ 대전자유적의 부장유물

한반도와 중국 동북지역의 청동기시대 무덤과 부장유물

I. 머리말

청동기시대의 한반도 사회의 성격을 살필 때 중요한 고고학적 증거는 두말할 것도 없이 생시 집자리와 사후 무덤이다. 여기서는 그동안 남한의 연구자들이 청동기시대의 남한 사회에 대해서 시도했던 설명들을 중심으로 정리하되 중국 동북지역과 서북한지역의 신석기시대이래의 무덤유적을 같이 살펴보고 그 문제점을 확인하고자 한다.

그 사회발전과정에 대한 설명은 역사특수적인 관점과 사회일반론적인 관점이 있는 바, 전자는 문헌기록에 적시된 촌, 읍락과 국과 관련된 논의라고 한다면 후자는 마르크스주의와 신진화론과 관련된 불평등 혹은 복합계층사회, 노예제사회 혹은 chiefdoms와 관련된 논의가 있다. 이들 논의가 구체적으로 어떤 고고학적 자료에 근거하고 있는지 정리설명할 것이다.

* 이 글은 다음의 논문을 발췌 수정한 것임을 밝혀둔다.
  이청규, 「청동기시대 사회 성격에 대한 논의 : 남한에서의 고고학적 접근」, 『고고학지』16집, 국립중앙박물관, 2010.

II. 무덤과 부장유물과 관련된 논의

집자리는 다수의 인원이 공동소유 사용하는 시설물인 것과 달리 청동기시대 남한지역의 무덤은 그 대부분이 망자가 다수 묻힌 경우는 거의 없고 대부분이 개인의 단독 무덤이다. 따라서 각각의 무덤을 통해서 얻을 수 있는 것은 개인에 대한 신상정보이다. 한편 대형마을 인근에 이들 마을 출신 사람의 무덤이 확인되지 않는 사례로 보아 일정한 무덤시설에 죽은 사람을 매장하는 풍습이 없는 사례가 있고 이 경우 무덤으로 당시 사회를 밝힐 수 있는 정보는 아예 제공받지 못하기도 한다.

여하튼 발굴조사된 단위무덤의 묻힌 사람의 무덤시설과 부장유물을 근거로 각 피장자가 어떠한 신분의 사람인지, 그리고 등급화가 가능하고 불평등한 사회인지가 중요한 논의의 과제가 된다. 나아가 단위 무덤과 군집된 무덤군의 상태로 보아 상대적으로 지위가 높은 혈연집단이 존재하는지, 그리고 상위의 집단 중에 특정의 유력한 개인이 존재하는지 하는 문제가 중요 쟁점이 된다.

두말할 것 없이 인골자료를 통하여 성별 연령 등의 체질학적 정보가 제시될 때 묻힌 사람과 관련하여 구체적이고도 의미가 있는 신상정보가 제공된다. 요서지역에 하가점하층문화의 수백여기 무덤 대부분에 보존상태가 양호한 인골이 남아 있는 대전자 유적이 바로 좋은 사례인바, 그와 유사한 사례가 한반도의 청동기시대 무덤 사례에서는 많지 않다. 따라서 남한지역의 청동기시대 무덤 주인공에 대해 성별, 연령 등이 확인되지 않아 신분과 지위 등의 사회적 성격에 대해서 구체적으로 논의하기가 어려운 형편이다.

무덤 주인공의 지위에 대해서 일정한 차이가 있다는 것을 판정하는 기준이 무덤의 시설규모와 부장유물의 질과 양이다. 전자는 직접적으로 전문적인 기술을 보유하지 않은 다수의 많은 노동력이 동원된 것이지만 후자는 소수의 전문적 장인에 의해 원료가 취득 제작 조달된 산물이다. 양자가 죽은 사람의 사회적 성격을 살핌에 정비례할 수도 있지만 그렇지 않을 수도 있다. 이들 테면 무덤 규모는 일정하나 부장유물에 질적이나 양적으로 차이가 있는 경우, 무덤규모는 크게 다르지만 부장유물에는 차이가 없거나 아예 없는 경우, 그리고 무덤 규모와 부장유물이 정비례하는 경우가 있는 것이다. 따라서 부장유물과 무덤시설은 각각 다른 차원에서 설명해야 한다.

우선 부장된 유물은 그 종류와 용도, 그리고 그 상징성을 통해서 설명할 수 있는 사실은 피장자가 담당한 대내적 사회적 역할이나 지위라는 것이다. 구체적으로 청동기시대에 한반도 무덤에 부장되는 유물을 살펴보면 무기로서 동검과 석검, 석촉, 장식품으로서 곡옥과 관옥, 식기 혹은 저장기로서 홍도 등이 있다. 각각의 대표하는 기종을 최소한으로 선택하여 부장한 것이다. 이와 관련하여 무엇보다도 문제가 되는 것은 요하유역의 청동기시대 무덤에 부장되는 유물의 조합과 숫자는 다양한데, 왜 한반도 지석묘 부장유물은 단순 정형화되었는가 하는 의문이다. 주지하다시피 생산공구나 장식품이 거의 부장되지 않을 뿐만 아니라, 토기 또한 소형호 1점 간혹 2점에 한정된다.

각설하고 이들 부장유물 중에서 무엇보다 주목되는 것은 무기이다. 동검이건 석검이건 무기가 부장되었다는 사실은 당대에 집단 간의 무력적 갈등이 고조됨을 반영하는 것으로 판단된다. 그런 정황 속에서 집단을 통솔하고 결속력을 강화하는 상징적 도구를 부장하여 군사적 성격을 강조한 셈이다. 그것은 기원전 2천년기 이전 요하유역에서 청동기시대 초기와 신석기시대에 각종 생산공구가 부장되거나 제의와 관련된 옥기가 집중 부장된 것과 비교가 된다. 이들 무덤유적의 부장품은 군사적 성격을 강조하지 않는 대신 당시 사회가 식량생산에 치중하거나 종교행위를 반영하는 것을 보여주고 있다.

부장유물의 양적 수준이 어떻든 중국동북지역－한반도에 걸쳐 무기가 부장되는 것은 기원전 1천년기에 들어와서이다. 요서지역에서는 위영자 혹은 하가점상층문화와 십이대영자문화, 요동지역에서는 이른바 신성자문화 혹은 쌍방문화의 단계에 비파형동검이 부장된다. 한반도에서는 이 시기에 비파형동검이 부장되는 경우도 있지만 대부분 마제석검이 부장되는 것이다.

한편으로 부장유물은 제작의 전문성과 입수과정을 살펴서 피장자 혹은 피장자가 속한 지역집단의 대외 교류 능력과 자체 수공업제품의 생산능력을 측정하는 가늠자가 된다. 나아가 무기가 공통적으로 부장되었다고 하더라도 한반도 지석묘나 석관묘에 부장되는 것과 하가점상층문화의 내몽고 영성 소흑석구(内蒙古自治區文物考古研究所外 2009)와 남산근 무덤, 십이대영자문화의 요령 조양 십이대영자 무덤 등의 최고 유력자 무덤에, 무기 이외에 각종 생산공구, 차마구, 각종 장식품 등이 부장되는 것과 대조가 된다. 이들 무덤의 경우 부장유물을 볼 때 부장되는 유물이 고도의 전문성이 발휘되어야 하는 다량의 청동기라는 점에서 지역집단의 식량생산 이외에 상당한 수준의 수공업이 발달하고 이를 경영관리하는 사회의 지도자 라는 점에서 일정한 차이가 확인된다.

사정이 이렇다고 한다면 무기가 사용되는 사회라 하더라도 한반도 지역의 청동기시대 지석묘 사회는 그 계층화 수준이나, 유력개인의 신분에 일정한 차이가 있음을 말하지 않을 수 없다. 앞서 요하유역의 유력자 무덤의 경우 무덤시설은 간단하면서 청동기가 다량 부장된 사실은 지석묘와 달리 구성원 상당수의 노동력이 동원된 것이 아니라 소수인원의 전문적 기술을 바탕으로 한다. 이와 같은 사회경제적 기반을 반영한 것은 남한에서는 점토대토기와 함께 역시 다량의 청동기가 부장된 초기철기시대의 남성리 괴정동유형의 목관묘 사례이다.

한편 한반도 지석묘에 부장된 유물 중 청동단검과 마제석검은 소유상태와 조달과정에서 차이가 있음을 지적하고자 한다. 청동검에는 상당수가 사용한 흔적이 있거나 재가공한 것이지만 석검에는 마모흔이 없고 형식 자체가 비실용적인 것이 많다. 따라서 동검은 본인이 위세용으로 소유하거나 실제 사용하였던 무기일 가능성이 있지만, 석검은 대다수가 생시에 사용한 것이 아니라, 별도로 제작해서 조달한 것이라는 점에서 일정한 차이가 있다. 실제로 무덤에 주로 부장되는 것은 석검이고 동검은 예외적인 것인 바, 청동기시대 무덤은 집단 구성원의 사자에 대한 예우와 조달하여 부장하고자 하는 의지에 중점을 두어 설명되어야 할 것이다.

석검은 동검처럼 고도의 기술과 재정적인 후원을 갖춘 전문장인에 의해서 생산되는 것도 아니고, 무덤시설처럼 많은 노동력이 투여되어 축조되는 것도 아니다. 그것도 1~2점정도 부장한 것이 대부분이므로 더욱 그러한 바, 피장자의 직계 혹은 친족이나 혈연 집단의 의지와 능력으로도 조달이 가능한 것이다. 이러한 점에서 마제석검을 부장한 무덤이라 하더라도 그 무덤의 주인공이 인정받는 지위와 실력은 일정한 한계가 있다.

그렇다고 하더라도 석검이 부장된 무덤이 전체 무덤에서 차지하는 비중이 지역 혹은 무덤군 별로 일정하지 않지만 매우 낮은 것이 대체적인 경향이다. 어느 지석묘 집단의 경우 20~30여기 중에 1 - 2기가 부장되는 사실로 보아 이를 구성원간의 등급화 나아가 계층화의 지표로 삼을 수 있고, 부장하지 않은 사람과 지위상에서 일정한 차이가 있다고 말할 수 있다. 바꾸어 말하면 그 신분은 그렇게 우월할 수 없다고 말할 수 없으나, 그렇다고 하여 부장유물의 차별이 무의미한 것이 아니라는 것이다. (이영문 2002, 배진성 2007) 이러한 상황을 고려하고 민족지자료와 인골이 다수 출토하여 연령, 신분을 알 수 있는 동북지역의 기원전 2천~1천년기의 다른 무덤유적의 사례로 보아 남한지역의 지석묘와 석관묘에 마제석검 등을 부장한 피장자는 그 상당수가 동 혈연 집단 수준의 성년 남자로서 단위마을 중에서 우월한 세대공동체의 지도자 수준일 가능성이 높다 하겠다.

무덤시설에 대해서 구체적으로 살펴보면 지석묘의 경우 상석의 크기,

묘역의 형태와 그 면적, 그리고 매장주체부의 깊이와 덮개의 횟수 등에서 각각 차이가 난다. 이들 세 속성 중 어느 것을 선택하는가 하는 문제는 시기와 지역을 달리하는 집단이나 묻힘 사람의 정체성을 강조하는 전략일 수도 있다. 최근에 방형과 원형의 묘역이 크게 확장된 사례가 남강지류와 경남해안 등지에서 집중적으로 확인되고 있다. 대체로 그 시기는 무문토기 중기로서 한변의 길이가 20~40m에 이른다. 이런 대형 묘역의 지석묘의 피장자가 일정 집단의 지도자로서 유력한 개인이라고 추정한다.

우선 확인되어야할 것은 이들 무덤시설을 축조하는 데에 무덤에 묻힌 당사자가 아니라, 죽은 사람이 소속된 집단의 구성원들이 동원된다는 당연한 사실이다. 여기서 집단이라고 할 때 가족구성원, 단위집단, 농업공동체, 혹은 지역집단 등 여러 수준이 있을 것이다. 이들 여러 수준의 집단 중 어느 집단이 무덤 축조와 제사에 참여하는지에 따라 죽은 사람의 사회적 지위가 판가름된다.

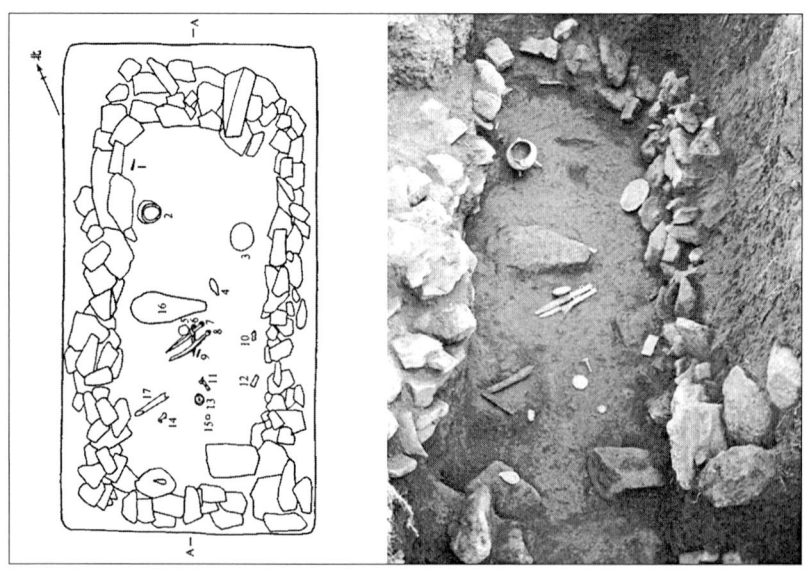

사진 1. 소흑석구 유적의 무덤

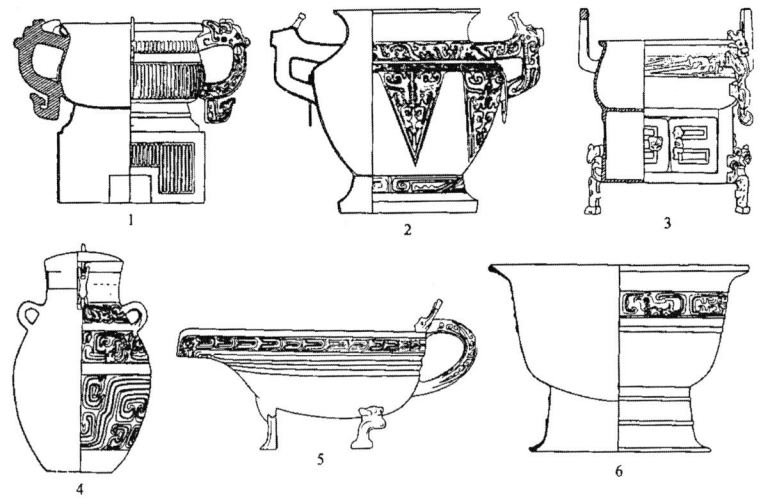

그림 1. 소흑석구 유적의 부장 유물(청동예물)

아울러 이들 집단 구성원이 무덤을 축조하게 된 동인이 강제적인 것
인가 혹은 자발적인 것인가 하는 문제가 중요하다. 그에 따라서 공동협
력체적인 성격이 강한 사회인지 개인적 실력자에 의해 강제력이 발동되
는 사회인지 그 집단의 사회적 성격이 달라진다. 여러 연구자들이 지석
묘집단을 기본적으로 전자의 관점으로 이해하는 경향이 높아지고 있다.

무덤은 개별적으로 조성되는 경우가 간혹 있지만, 일정 구역에 군집
을 이루는 경우가 상당수이다. 군집묘의 경우 그 규모를 보아 수기에서
수십기 혹은 백여기 이상의 예가 다양하다. 이들 군집묘의 숫자만으로
대, 중, 소 등으로 구분할 수 있겠지만 그 숫자가 의미하는 바가 무엇인
지 제대로 밝히려면 몇가지 사실에 대해서 기본적으로 확인될 사항이
있다.

무엇보다 이들 무덤의 축조연대가 얼마간 지속되는지, 그리고 그 무
덤에 묻힌 사람들이 무덤에 근접한 거리 내의 마을유적과 어떻게 대응
되는지 살펴야 한다. 그렇지 않으면 무덤을 통해서 설명할 수 있는 당시

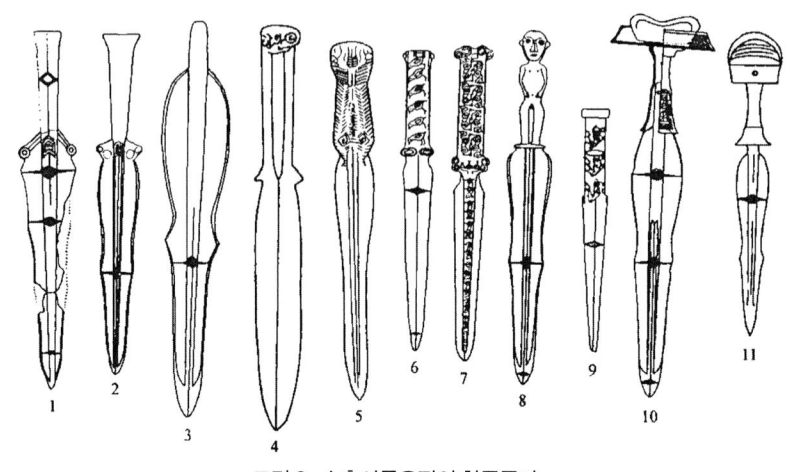

그림 2. 소흑석구유적의 청동무기

사회상은 한계가 있을 수 밖에 없다. 또한 무덤군의 시간적인 폭이 길면 길수록 무덤 숫자는 많아진다. 한편 작은 마을 보다는 큰 마을, 한 마을 보다는 여러 마을의 구성원들이 단일 무덤군에 묻힐 때 또한 그러하다.

그러한 점에서 단위마을내의 세대공동체, 단위마을 자체, 그리고 여러 마을로 이루어진 마을 복합 공동체에 어떻게 대응되는지 검토하는 게 우선적으로 이루어져야 하지만 이를 밝힐 수 있는 방법이나 모델 또한 제대로 구축되지 못하고 있다.

동일지점 내에 무덤군과 인접한 마을 유구를 대응시킨 논의는 그렇게 많지 않다. 진안 안자천, 정자천 일대의 무덤군에 대한 시기구분과 인접한 단위지역과의 대등을 통해서 접근하려는 시도가 그 주요한 사례가 될 수 있다.

또한 사천 이금동의 군집묘에 대해서도 이러한 점에서 시기구분과 선후관계의 설정, 그리고 인접한 지역의 마을에 대응시킨 작업도 주목할 만하다.

일정지역의 무덤에 그 집단 출신 모든 사람이 묻혔는가 그렇지 않으면 일부 사람들만 제한적으로 묻혔는가 하는 물음에 대한 충분한 답이 있어야 또한 동 집단의 사회적 성격을 제대로 설명할 수 있음은 물론이다. 모든 구성원이 묻힌 것이 아니라고 할 때 묻힐 수 있는 사람과 그렇지 않은 사람은 어떻게 가름할 것인가 하는 문제가 있다.

이를 위해서는 앞서도 지적하였듯이 최소한 묻힌 사람의 남녀 성별과 연령에 대한 자료가 제시되어야 한다. 무덤의 규모와 부장유물과 이들 체질학적 정보가 맞물려 정리될 때 이에 대한 구체인 설명이 가능하다. 현재의 우리 학계에서 그렇게 하지 못한 상황이지만, 대체적으로 마을 구성원 전체가 무덤에 부장된다고 생각하는 연구자는 거의 없다시피 하다. 이는 무덤의 규모와 부장유물의 양과 관계없이 피장자를 모두 우월한 지위에 있는 사람으로 이해하는 관점이다.

한편 군집묘에 속하는 각각의 무덤이 분포하는 상태에 일정한 정형성을 보이는 사례를 통하여 무덤에 묻히거나 축조한 집단의 성격을 판가름하는 근거로 삼기도 한다. 개개 무덤이 일정한 간격을 유지하고 분산 조영되는 유형, 열을 이루되 일정한 간격을 유지하며 조영된 유형, 열을

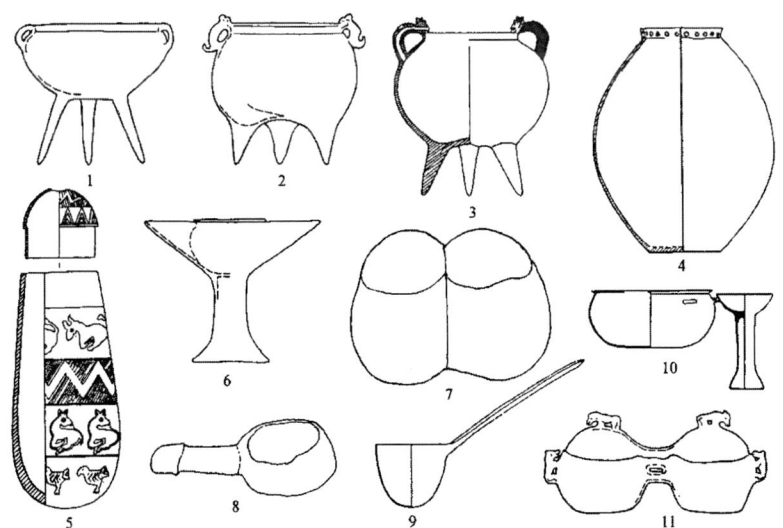

그림 3. 소흑석구무덤의 토착계 청동용기

이루면서 서로 연접한 유형, 일정한 구획시설 내에 무덤이 조영된 유형 등 여러 사례가 있다. 이들 각각의 분포 유형에 따라서 묻힌 사람들의 상호관계를 설명하고자 하는 노력이 여러 연구자에 의해 시도되고 있는 것이다.

열을 이루거나 연접하여 군을 이루는 유형을 계열묘라고 하여 묻힌 사람들을 동일한 혈연집단의 구성원으로 설명하는 경향이 강하다. 이 유형에 속하는 각각의 무덤이 대규모의 묘역을 갖추거나 혹은 상대적으로 풍부한 부장유물을 갖추었다면 우세한 지위에 있는 세대공동체 혹은 혈연집단으로 설명할 수 있다.

한편 대형묘역의 지석묘가 열을 이루지 않고 군집한 사례가 마산 진동리, 산청 매촌리 등지에서 확인된다.(이상길 1996, 윤호필 2009) 김해 율하리에서도 다중석개의 지하토광석곽시설을 갖춘 지석묘가 다수가 군집되어 조성되어 있었다. 이 역시 유력개인묘 다수가 시설된 무덤군이다. 역시 인근에 대형 마을 유적이 확인되지 않아 그에 대응되는 무덤으로 볼 수가 없다.

이 경우 유력한 개인 다수가 한 지점에 묻히지만, 상호 긴밀한 혈연관계를 갖춘 집단에 속한 것이라기 보다는 각기 다른 혈연 집단에 속한 것일 가능성이 더 높다고 판단된다. 사정이 그렇다고 한다면 다시 역으로 이들 피장자의 소속이 세대공동체, 단위마을의 수준에 그치는 것인지 다수의 마을로 구성된 지역 정치체 어느 수준의 지도자인지가 문제가 된다. 일정마을과 무덤의 대응관계를 구체적이고도 분명하게 확인할 수 있는 사례가 일본 구주 사가현 요시노가리에 있는 대형 환호취락과 군집묘이다.(국립중앙박물관 2007) 이 유적에는 취락 사람들이 묻힌 일반 구성원의 무덤군과 유력한 개인이 묻힌 무덤군이 별개로 조성되어 있다. 후자의 경우 각 무덤마다 동검 1점씩 부장되고, 구획묘 형태의 분구묘에 군집된 상태로 매장되어 있다. 그 조성도 일정한 시기에 한정되어 있었다. 이러한 요시노가리의 구획묘 내의 각 피장자에 대해서 일본

학자들은 이른바 마을의 영웅들로 이해하고 있는 바, 그 상호 혈연관계
에 있는 것으로 이해하고 있지 않는 사실이 한반도 청동기시대 군집묘
를 이해하는데 참고가 될 수 있겠다.

Ⅲ. 사회의 단위와 그 성격의 변천

1980년대 이후 청동기시대 사회를 설명하는 틀로서 신진화론과 마르
크스 사회발전단계론이 있는데, 남한에서는 전자, 북한에서는 후자가
집중적으로 검토되어 왔다.

북한에서는 대형 상석을 갖춘 관산리식 지석묘를 근거로 노예 소유제
사회로 설명한 바 있다. 물론 대형 상석을 운반 조영함에 엄청난 노동력
이 강제적으로 동원된 것이며, 그들의 신분이 노예라는 것을 제대로 입

그림 4. 대전자유적의 부장유물

증하지 못한 것이 결정적인 약점이다. 이집트의 대형 피라밋을 축조함에 동원된 인력이 강제된 것이 아니라, 복지차원에서 동원되고 자발적으로 이루어진 것이라는 주장을 참고하면 그러한 노예설은 문제가 있다고 생각된다.

최근에는 상석 아래에 11여기의 피장자 공간이 마련된 평남 성천 룡산리 지석묘가 그 근거로 제시되고 있다. 상석아래에 수십여명의 피장자들이 동시에 매장되었다고 판단하고 이를 순장의 증거로 제시하고 있다.

그러나 이 또한 상석이 두께가 얇은 판석형이고 개폐가 전혀 불가능한 것이 아니고, 매장부분 전면을 덮은 것이 아니어서 적극적인 순장의 증거로 단정할 수 없다.(석광준 2002 : 364~366) 설혹 동시 매장이라 하더라도 그것이 막바로 순장이라고 주장하기까지는 여러 증거가 입증되어야 한다.

신진화론은 잘 열려지다시피 민족지사례를 근거로 band - tribe - chiefdoms - state 순으로 인류 사회가 일반진화한다는 주장이 핵심이다. 남한에서는 그 중 chiefdoms을 족장사회라 하여 고고학적인 관점에서 호남지역의 지석묘 사회에 해당된다는 주장이 제기되면서 활성화된다.(Choi Mong-lyong 1984) 다른 한편에 한국 원시고대사회에 chiefdoms를 군장사회라 하여 문헌기록에 근거하여 삼한의 소국 사회에 적용시킨 사례가 있었다.(김정배 1985 : 145~148) 이 두 의견을 정리하면 결국 많은 노동력을 동원해서 축조한 지석묘와 다량의 청동기를 부장한 적석목관묘 중 어느 무덤의 주인공이 chiefdoms에 해당하는가 하는 상반된 주장이 양립하게 되고, 이에 대한 논쟁이 오늘에 이르기까지 지속되는 것이다.(유태용 2003) 이러한 사회발전단계론은 문자그대로 일반진화론적 성격의 것이어서 지역마다의 사정을 구체적으로 고려한 것이 아니다. 그러나 일단 한반도의 사례에 적용하였다면 그 근거와 대상을 시공간적으로 명확하게 지정할 필요가 있음은 두말할 것도 없다. 일정한 시기별로 고고학적 사실과 맥락을 토대로 설명되어야 한다. 처음 제기된 족장사회론이 영산강유역의 지석묘집단을 대상으로 하였지만 조사가 충분하지 않아 그렇지 못하였다. 실제 이러한 지역단위별로 사회의 변천과정을 해명하는 것이 먼저 이루어져야 된다는 것이 또한 학계의 요구이기도 하다.

그러한 점에서 남한 각 지역의 지석묘 변천과정을 4기로 나누어 1기에 세대공동체의 리더가 안치된 독립묘, 2기에 무덤이 군집을 이루거나 연접하는 현상을 보이고 유아묘의 등장을 통해 유력 세대공동체 혹은 출계집단이 형성된 것으로 설명한다. 그리고 3기에 일정군집묘의 경우 묘역이나 상석의 규모가 확대되고, 다른 무덤의 경우 소형화되는 차별화 현상을 근거로 위계화 현상이 심화되는 것으로 이해된다. 그리고 4기에 거대한 묘역과 다중개석의 개인묘가 등장하여 유력한 개인묘로 판단되고, 이를 근거로 족장사회가 형성되었다고 판단하는 것이다.(김승옥 2004) 이러한 설명은 지석묘집단이 시기를 달리하여 일정한 사회적 변천과정을 경험하는 것을 입증하는 점에서 진전이 있다고 하겠다.

또한 4기의 지석묘 사회가 족장사회라 하더라도 이는 비슷한 시기에 남한지역에 다량의 청동기를 부장한 세형동검무덤의 축조집단이 장거리 교역을 통해 위신재를 획득하는 개인성향의 족장이 통솔하는 사회라 하는 것과 달리 대규모 노동력을 동원하여 거석기념물을 축조집단성향의 족장사회라는 설명하는 것도 주목할만하다.(김승옥 2007 : 101~116)

한편 지석묘축조집단이 족장사회로 설명하는 데 신중한 입장도 있다. 족장사회를 수장사회라 이름하고 수장의 존재를 인정하려면 그 지위가 제도화되고 세습되어야 하는 바 지석묘는 그 충분한 근거가 되지 못하는 것으로 판단한다. 송국리 52지구의 비파형동검 부장 석관묘는 물론 창원 덕천리 1호묘와 같은 대형 묘역의 지석묘가 단독으로 존재하고 있으므로 세습되었다고 보는데 조심스러워 하고 있다.(박양진 2006 : 12~20)

지석묘에서 볼 수 있는 수준의 부장유물과 무덤시설은 계층사회에서의 수직적 계층화가 아니라 평등사회에서 볼 수 있는 수평적 차별화로서, 연령과 성별 차이에 따른 신분의 분화를 입증하는 정도의 수준일 가능성을 배제못한다고 판단하는 것으로 보인다. 그러한 판단은 청동기시대 집자리와 마을 유적에서 더욱 본격적인 사회적 계층화의 증거를 확실하게 제시하기 어렵다는 인식으로 뒷받침되고 있다. 따라서 평등사회에도 그 말기에 등장하는 Big man과 같은 지도자가 있으며, 지석묘의 상당수 피장자가 마을의 우두머리라 하더라도 그에 해당될 가능성이 있다고 보는 관점이다.

양자의 의견을 조정하면 남한의 지석묘축조집단은 평등사회에서 계층사회로 이행하는 과도기에 단계에 위치하며, 그 무덤에 묻힌 사람은 우월한 지위에 있는 사람이나, 개인성향의 지배자로 완전히 이행하지 못한 집단성향의 지배자로서 chiefdoms의 chief라 하더라도 아직 그 면모를 충분히 갖추지 못한 실력자라고 하겠다.

족장사회, 계층사회로의 이행을 입증하는데 실력자의 지위가 당사자에게만 인정되는 획득 지위인지 아니면 후손에게도 세습하여 인정하는 귀속지위인지를 판정하는 것이 중요하다. 후자임을 인정받으려면 일정 개인만이 아니라 혈연관계 있는 다수의 무덤에 다량의 유물을 부장하거나, 무덤규모를 크게 한 것이 인정되어야 한다. 또한 부장유물이나 무덤규모에서 차별화된 유아묘가 확인되어야 하는데 그러한 사례는 거의 없다 시피 하다. 단순히 지석묘에 유아묘가 조성되었다고 보는 사례 만으로 세습화된 귀속지위라고 판정하기 어렵다.

한편 신진화론의 틀 속에서 계층사회의 발전에 대해서 갈등만을 강조하는 것은 문제가 있으며 통합에 중점을 둔 설명이 중요하다는 지적도 경청할만하다. 지도자의 시신을 매장한 무덤을 대형구조물로 구축한 것은 집단 내의 갈등을 조정하고 해결하기 위한 통합의 의미가 강하다고 설명한다.(김종일 2007 : 162) 이 또한 지석묘사회가 공동체 성향의 사회라는 것을 뒷받침하는 하는 것으로 판단된다.

그러한 관점에서라면 결국 하위 지역집단은 물론 상위지역집단의 어느 수준까지 통합의 원리가 적용되는지를 설명해야 하는 문제가 있다. 이와 관련하여 앞서 지적한 것처럼 세대공동체－농업공동체－지역정치체의 삼단계의 개념을 야요이시대의 마을 유적에 적용시킨 일본 학계의 사례가 주목된다.(Kenichi Sasaki 1999 : 331~336) 실제로 그러한 일본고고학의 접근방법이 남한지역의 연구자들에게도 영향을 주어 여러 학자들이 유사한 논의를 한 바 있다. 이러한 삼단계 사회단위를 설명하는 기본 틀은 각각의 단위사회를 통합하는 중심 단위의 설정에 있다. 농업공동체이면 중심촌락, 지역공동체이면 하위의 농업공동체, 중심촌락을 어떻게 설정하는가 그리고 중심과 주변의 상호네트워크를 무엇으로 입증하는가에 있다.

이와 유사한 논의로 삼한관계 기록에 국, 읍락, 촌에 대응되는 마을과 무덤유적, 그리고 시공간적 범위에 대한 설명이 있다. 무엇보다도 3세기 기록에서 설명한 〈국〉 정치체에 대한 논의를 그 이전의 지역정치체에 적용이 가능한가 하는 문제이다. 전남 여수의 지석묘군에서 비파형

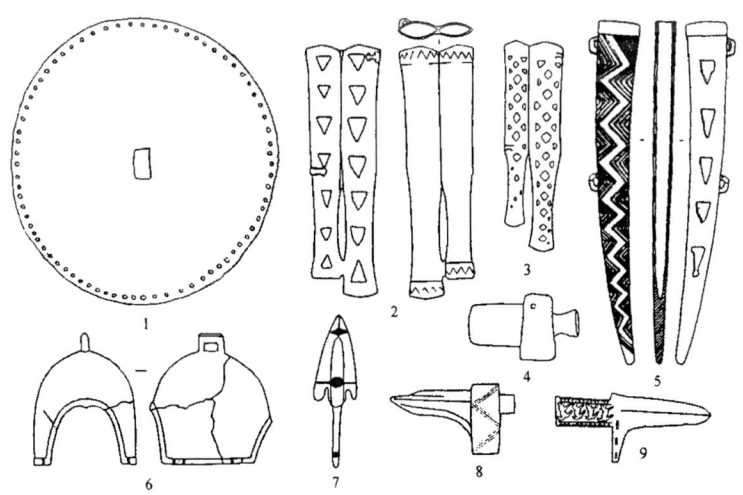

그림 5. 소흑석구 유적의 청동무기

동검을 부장한 무덤의 사례가 일정한 군집묘에 집중되어 있는 사실을 근거로 이 일대에 국이 형성되었다는 주장이 제기된 바 있다.(武末純一 2002) 이 주장이 타당하다고 한다면 기원전후한 시기의 문헌에 처음 등 장한 한반도 남부의 〈국〉의 기원이 기원전 1천년 전반기까지 거슬러 올 라가는 셈이 된다.

이러한 주장은 〈국〉의 성립은 기원전 3~2세기경 이후라고 설명하는 고대사학자들과 다뉴경등의 다량의 청동기부장묘를 근거로 설명한 고 고학자들의 관점과는 다소 차이가 난다.(이청규 2000) 이 때 〈국〉의 개 념에는 우월한 중심집단과 그 주변집단의 존재를 전제로 한 것인 바, 문 제는 중심 촌락 혹은 국읍의 설정임은 두말할 것도 없다. 그러나 〈국〉은 수백호에서 수천호에 이르기까지 다양하므로 그 〈국〉의 개념을 동일한 기준을 내세워 설정할 필요가 없다.

한편 남한에서 지역집단 이상의 상위수준의 집단에 대한 논의는 고고 학적으로 불가능한 것인가. 송국리유형, 가락동유형, 역삼동유형 등으 로 불리는 문화유형에 대응되는 지역집단의 네트워크에 대해서는 국의 연맹체, 혹은 예맥한 등의 종족과 관련한 설명은 현재로서는 쉽지 않다. 바꾸어 말하면 예맥한으로 논의되는 종족 집단의 개념을 이 시기의 고 고학적 성과를 토대로 분명하게 설명할 단계는 아닌 것으로 판단된다. 그렇다고 문화유형의 개념이 전혀 당시 지역집단사회와 전혀 대응시킬 수 없다고 할 수도 없는 바 이에 대한 적극적인 관심과 연구가 필요하다 고 하겠다.

이 때 〈국〉의 개념에는 우월한 중심집단과 그 주변집단을 전제로 한 것인 바, 문제는 중심 촌락 혹은 국읍의 설정임은 두말할 것도 없다. 그 러나 〈국〉은 수백호에서 수천호에 이르기까지 다양하므로 그 〈국〉의 개념을 동일한 기준을 내세워 설정할 필요가 없다.

한편 남한에서 지역집단 이상의 상위수준의 집단에 대한 논의는 고고 학적으로 불가능한 것인가 검토해 볼 필요가 있다. 송국리유형, 가락동

유형, 역삼동유형 등으로 불리는 문화유형에 대응되는 지역집단의 네트워크에 대해서는 어떻게 설명할 수 있는가. 유사한 유적유물갖춤새를 갖고 있어 동일한 유형의 문화를 공유하게 된 동인을 살피면 지역집단 간에 인구이동이나 혼인, 단순모방 혹은 문화요소의 전파 등 다양한 수준의 과정이 있는 것으로 추정된다. 그러한 과정을 거쳐 다양한 장르의 물질문화가 공통된다면 다소나마 이들 집단 간에 상호 동질적인 집단의식이 있을 가능성이 있다 하겠다. 그러나 상호 지역공동체간에 일정한 중심이 있거나 항상적인 네트워크 체계가 형성되기 어려우므로, 이를 〈국〉의 연맹체, 혹은 예맥한 등의 종족과 관련한 설명하기 어렵다.

상대적으로 중국동북지역과 한반도에 걸쳐 동질적인 청동기 부장묘와 탁자식의 지석묘를 보유한 사례를 통하여 이를 고조선에 대응시켜 설명하는 견해가 주목된다.(하문식 1999, 송호정 2003) 문제는 유사한 묘제와 청동기갖춤새를 공유한다고 하여도 각기 다른 양식의 토기군을 보유한 집단이라는 점이다. 일정한 교류가 있음은 분명하지만, 이들 지역사회간에 상호 동질적인 집단의식 나아가 동일한 종족성을 갖추었는지 여부를 어떻게 고고학적으로 설명할 수 있는지 검토가 필요하다 하겠다.

더 나아가 중국 동북지역과 북한 그리고 남한 지역의 청동기시대 집단 전체를 연결하는 네트워크가 있는 것인가, 있다면 이를 어떤 고고학적 증거로서 설명하고, 그 교류 네트워크의 성격을 무엇으로 규정할 수 있는가 하는 문제에 대해서 충분하게 검토되지 않고 있다. 오히려 이러한 광역적인 체계에 대해서 설명하기 보다는 그 공간적인 범위를 남한 지역을 벗어나지 못하는 것은 물론 그것도 연구자가 입지한 지역만을 대상으로 한 지역분파적 인식이 성행하고 있다. 북한은 물론이거니와 중국 동북지역의 지석묘 혹은 비파형동검 무덤을 전혀 고려하지 않은채 당시 사회의 발전단계를 설명하거나, 영남지역과 호남지역간의 일정한 차이가 고려되지 않은채 설명하는 것은 문제가 있다.

물론 동일 시대나 시기에 지역마다 각기 다른 취락과 마을구조, 다른 무덤구조와 부장유물체계를 어떻게 하나의 체계로 설명하는 것이 앞서 보듯이 시급한 문제임은 분명하다. 한편으로 일정한 지역 내에서 동시에 존재하는 서로 다른 무덤 구조체계에 대해서 어떻게 설명하고 나아가 광역적인 공간범위에서 이를 어떻게 설명할지를 검토해야 한다.

그러한 관점에서 중국동북지역—한반도 네트워크가 제대로 설명하기 위해서 세계체제론의 관점을 제시한 것은 중요하다. 중원지역의 문명 중심지의 영향을 받은 중국동북지역이라는 1차주변과 다시 한반도라는 그 2차주변이라는 체계를 설정한 것은 나름대로 인정할만하다.(이성주 2007) 그러나 그것을 중원지역의 물질문화를 중심으로 그것과의 관계 속에서만 설명하는 것은 문제가 있는 바, 중원이 아닌, 비중원지역, 그리고 각 지역 자체의 여러 문화요소와의 관계를 충분히 고려해야 한다.

IV. 맺음말

청동기시대의 남한지역 사회를 설명하려면 비파형동검등의 청동기를 공유하고, 동일한 형식의 지석묘, 석관묘, 적석묘를 축조하는 중국동북지역, 북한과 연계된 광역적 영역에 걸친 사회네트워크의 맥락에서 접근될 필요가 있다.

그러한 맥락 속에서 남한지역 사회를 접근할 때 이른바 문화유형으로 규정되고 이를 공유하는 각 하위지역 집단의 사회적 정체성에 대한 설명이 주목되지만, 아직 이에 대한 모델과 방법론이 제대로 구축되지 못하고 있다.

그나마 하천이나 곡간의 자연지리적 경계를 공간적인 범위로 한 각

하위지역의 집단에 대한 논의가 활발한 편으로, 이를 지역정치체, 〈국〉, 혹은 〈읍락〉 또는 족장, 군장, 수장사회의 이름으로 접근하는 사례가 확인된다.

우월한 지위에 있는 지도자 혹은 실력자의 등장을 무덤시설과 그 부장유물을 통해서 고고학적으로 가장 많이 설명되고 있다. 이들 무덤을 구성하는 양자의 속성이 갖는 사회적 의미를 검토하여 무덤의 주인공이 우월한 지도자라 하더라도 세습화되고 귀속적이라기 보다는 집단성향의 획득적인 지위를 보유한 것으로 이해된다. 결론적으로 말하면 기원전 1천년기 중반 이전의 남한 청동기시대 사회에 대해서 족장사회 혹은 계층사회, 〈국〉의 초기적 특징을 갖는 사회로 이해하는 것이 적절하다 하겠다.

한편으로 이들 지역 공동체 이상의 사회를 구성하는 취락 내에 다양한 잣대로서 위계화의 증거를 찾고자 하는 노력이 있다. 그러나 대형취락 혹은 중심취락에서 그러한 증거가 일부 찾아지지만, 대부분의 취락에서 그러한 위계화 현상은 분명하게 확인되지 않는다. 마을을 구성하는 세대공동체와 가족에 대해서 주거지와 관련한 많은 주장을 검토한 결과 이에 대해서도 보다 충분한 논의가 이루어질 필요가 있는 것이다.

한편 제주도에서 무덤유적이 처음 확인되는 것은 기원전 1천년기 중반 청동기시대 이후이다. 기원전 1천년기 전반 이전으로 추정되는 상모리식 무문토기 단계에도 정형성을 갖춘 무덤은 확인되지 않고 있다. 실제로 한반도 남부지역에서도 무문토기 전기 이전에 조성된 무덤은 드물게 확인된다. 제주도에서 발견되는 지석묘는 대체로 기원전 1천년기 중반 이후로 생각되는데, 그것은 동 시기에 비로소 마을 공동체가 조성되고, 무덤 축조에 일정한 노동력이 동원될 수 있기에 가능한 것이다. 그러나 대형의 지석묘는 원삼국기 혹은 탐라 전기에 비로소 축조되는 바, 한반도에서처럼 석검 혹은 동검과 홍도등의 부장유물 사례는 확인되지 않고 있다.

　　제주도에 다량의 유물이 부장된 사례는 기원 2세기 전후한 제주시 용담동 적석묘역의 목관묘로 추정된다. 철제장검 2점을 비롯하여 철모, 철촉 등의 무기와 철부 등의 공구, 그리고 유리제 구슬 다수가 부장된 바 있다. 이로써 제주에 초보적이나마 수장급의 등장을 확인할 수 있게 되는데, 용담동 무덤의 주인공은 한반도에서 수입한 철제무기를 다수 부장한 것으로 보아 군사적 위세와 원거리 교역을 관장한 위치에 있음을 강조한 실력자로 이해되는 것이다.

참고문헌

공민규, 「중부지역 무문토기문화 전기 환호취락의 검토 - 청원 대율리 환호취락의 성격」, 『연구논문집』창간호, 중앙문화재연구원, 2005.

국립중앙박물관, 『요시노가리 : 일본 속의 고대한국』, 2007.

김권구, 『청동기시대 영남지역의 농경사회』, 학연문화사, 2005.

김범철, 「금강 중하류역 송국리유형 취락의 형성과 도작집약화 -취락체계와토양분포의 공간적 상관관계에 대한 GIS 분석을 중심으로-」, 『송국리문화를 통해 본 농경사회의 문화체계』, 고려대학교 고고환경연구소, 2005.

김승옥, 「용담댐 무문토기문화의 사회조직과 변천과정」, 『호남고고학보』49, 2004, pp.5~45.

김승옥, 「분묘자료를 통해 본 청동기시대 사회조직과 변천」, 『계층사회와 지배자출현』, 한국고고학회편, 한국고고학술총서 3, 2006.

김정배, 『한국고대의 국가기원과 형성』, 고려대학교출판부, 1985.

김종일, 「'계층사회와 지배자의 출현' 을 넘어서」, 『한국고고학보』53, 한국고고학회, 2007, pp.150~175.

박양진, 「한국 지석묘사회 '족장사회론' 의 비판적 검토」, 『호서고고학』제14집, 호서고고학회, 2006, pp.5~24.

배진성, 『무문토기문화의 성립과 계층사회』, 서경문화사, 2007.

석광준, 『조선의 고인돌무덤 연구』, 사회과학원, 도서출판 중심, 2002.

송만영, 「남한지방 농경문화형성기 취락의 구조와 변화」, 『한국 농경문화의 형성』, 제

25회 한국고고학전국대회 발표요지, 한국고고학회, 2001.

송호정, 「한국고대사 속의 고조선사」, 푸른역사, 2003.

안재호, 「무문토기시대 취락의 변천 - 주거지를 통한 중기의 설정」, 『석오 윤용진교수 정년퇴임기념논총』, 석오윤용진교수 정년퇴임기념논총간행위원회, 1996.

안재호, 「중서부지역 무문토기시대 중기취락의 일양상」, 『한국상고사학보』 43, 2004.

유태용, 『한국 지석묘 연구』, 주류성, 2003.

윤호필, 「청동기시대 묘역지석묘에 관한 연구」, 『경남연구』 1, 2009.

이상길, 「청동기시대 무덤에 대한 일시각」, 『석오 윤용진교수정년퇴임기념논총』, 1996.

이성주, 『청동기 · 철기시대 사회변동론』, 학연문화사, 2007.

이영문, 『한국 지석묘 사회연구』, 학연문화사, 2002.

이청규, 「국의 형성과 다뉴경부장묘」, 『선사와 고대』 14, 2000.

이형원, 『청동기시대 취락구조와 사회조직』, 서경문화사, 2009.

이홍종, 「관창리취락의 경관」, 『송국리문화를 통해 본 농경사회의 문화체계』, 고려대학교 고려환경연구소, 2005.

하문식, 『고조선지역의 고인돌연구』, 백산자료원, 1999.

쇼다 신야, 『청동기시대의 생산활동과 사회』, 학연문화사, 2009.

內蒙古自治區文物考古硏究所外, 『小黑石溝-夏家店上層文化遺址發掘報告』, 科學出版社, 2009.

中國社會科學院考古硏究所, 『大甸子 - 夏家店下層文化遺址與墓地發掘報告』, 科學出版社, 1998.

都出比呂志, 『日本農耕社會の成立過程』, 岩波書店, 東京, 1989.

武末純一, 「요령식동검묘와 국의 형성」, 『청계사학』 16 · 17 합집, 2002.

宮本一夫, 『中國古代北疆史の考古學的硏究』, 中國書店, 2000.

Bale Martain & Minjung Ko, Craft Production and Social Change in Mumun Pottery Period Korea, *Asian Perspectives* 45-2, 2006.

Choi Monlyong, *A Study of the Yongsan River Valley Culture: The Rise of Chiefdom Society and State in the Ancient Korea*, Dongsongsa, Seoul, 1984.

Kenichi Sasaki, A History of Settlemnet Archaeology in Japan, *JOURNAL OF EAST ASIAN ARCHAEOLOGY*, VOL1-4, Brill, 1999, 325~352.

해양문화와 제주민의 삶

김헌선 경기대학교 국어국문학과 교수

OCEANIA

SHOWING MAIN
INOGRAPHIC DIVISIONS

▲ 제주도와 오세아니아신화의 민족지도

해양문화와 제주민의 삶

Ⅰ. 바다를 향해 열려 있는 두 가지 길

바다는 우리문화 생활문화 창조의 중요한 원천이면서 끊임없는 상상력의 보고이다. 한국의 해양문화는 이미 삼면의 바다가 주어진 이유 때문에 다양하고 풍부하게 구성될 소지를 안고 있었다. 바다는 우리를 있게 한 근거이면서 세계로 나아가는 긴요한 통로 구실을 하였다. 그러나 바다를 두고서 벌이는 문화의 창조는 두 가지이다. 다음의 사례가 직접적이면서 본질적 차이를 보여준다.

하나는 바로 〈외눈백이괴물이야기〉 또는 〈영등하르방〉이라고 알려져 있는 제주도의 특정한 신화이자 이야기의 성격을 가지고 있는 것이다. 제주도의 현지조사 시에 확인된 자료를 하나 먼저 보기로 한다. 현차남이라고 하는 인물이 구연한 이야기이다.

그 오조리 사람들이 옛날에 시방은 배지만은 옛날엔 터위거든 남토막으로 해서 이렇게 파락도 없고 아무것도 없고 내도 지금깃는 내도 내로도 안허고 영해낸 터위로 이렇게 영해영 젓는 낸디 그 내를 해여서 괴기를 낚으래 갔서, 바당에 괴길 낚으래 간디, 태풍이 불어서 외눈백이 땅을 그 영감 서이가 불려났거든 불려나난에, 그디강 누리난 그 외눈백이라고 흔 것은 개도 아니고 사람도 아닌디 눈은 흐나뿐이거든 게난 외눈백이거든 눈이 흐나뿐이난 게난 외눈백이나네 그 외눈백이덜이 그 바당에 그디 풍파에 불려서 거기 가난 그 사람들은 심어아정 그 지내 집에 갔거든 외눈백이덜이 그 사람 서일

잡아 아져서 그냥 가나네[1]

이 이야기는 제주도 전역에 널리 퍼져 있는 이야기 가운데 전승이 소멸하고 있는 것 가운데 하나이다. 이른 바 한 눈을 가진 괴물에 관한 것으로 흔히 먼 바다로 나간 보재기(어부)가 경험하는 괴물이다. 이 괴물은 제주도의 바다에 어디인지 명확하지 않지만, 항상 먼 바다로 나아가 경험할 수 있는 상상의 섬인 점에서 분명하다. 제주도의 섬 주위로 바다가 열려져 있으며, 이 바다를 중심으로 하는 외부로 열린 창구가 바다이다.

어부들이 바다로 가는 과정에서 필요한 것은 실제 사는 현실에서 벗어나는 경험이다. 이 경험에서 중요한 수단이 되는 것이 바로 바다이다. 바다를 나간 방법이 터우(뗏목)이다. 이 뗏목을 타고 바다로 갔다가 그곳에서 태풍에 휩쓸려 생전에 보도 못한 곳에 이르러서 외눈백이들이 사는 외눈백이 땅에 이를 수 있었다. 그 점에서 이 섬은 제주도의 근해에서 볼 수 없는 이름모를 상상의 고장이 된 셈이다. 이야기에 이러한 전승이 이어지는 것이 해양문화의 상상력에 의한 창조 결과이다.

그런데 이러한 바다를 향한 상상의 창조는 시원적이고 보편적인 현상이다. 바다를 항해하면서 경험하는 이 상상의 창조품이 여러 가지로 겹쳐져 있으며, 외딴 섬에서 만난 괴물이 바로 인류의 공통 창조의 상상력을 보여주는 점이 확인된다. 이러한 이야기는 제주도에서 당신본풀이로도 전승되고 예사로이 구전되는 이야기에서도 전한다. 이웃하고 있는 민족에게서도 발견되고, 더구나 아득히 먼 그리스의 서사시에서도 이러한 외딴 섬과 외눈백이 괴물의 이야기는 확인된다. 바다의 항해술이 발달하지 않은 곳에서 기이한 체험을 하게 되는 과정에서 이러한 이야기가 공통적으로 만들어지고 전승되었을 가능성이 있다.

---

1) 현차남, 영등할으방, 제주도 성산읍 난산리 현차남할머니 댁, 2000년 2월 16일.

다른 하나는 시원적이고 보편적인 현상이라기보다는 특정한 곳에서 만들어진 생각과 상상을 가지고 와서 그것으로 나아가는 의지를 표명하는 방식에 대해서 검토할 필요가 있다. 崔致遠(857-?)은 이른 시기에 중국의 당나라에 가서 세계제국의 풍모를 경험하고 대가심을 하면서 성공한 인물이다. 당나라 자체가 세계제국이었으므로 이곳이 문명의 척도였으며 불변의 생각을 제공하는 것이라고 믿었다. 최치원의 작품 가운데 〈泛海〉라고 하는 작품은 이른 시기에 바다의 우주적 기능에 대해서 간명한 시로 증언한 바 있다. 그래서 바다로 나아가면서 다음과 같은 시를 남겼다.

掛席浮滄海	돛 걸어 바다에 배 띄우니
長風萬里通	먼 바람 부니 만리에 통하네
乘槎思漢使	뗏목 타니 한나라 사신 생각하고
採藥憶秦童	약초 캐며 진나라 동자 기억하네
日月無何外	일월은 어찌하여 밖이 없으며
乾坤太極中	천지는 태극 가운데에 있나
蓬萊看咫尺	봉래산 지척에 보이니
吾且訪仙翁[2]	나는 또 신선을 찾아 가네

중세의 보편문어인 한문을 통해서 습득한 지식을 열거하면서 그것으로 자신의 상상을 전개하면서 시상으로 응결하였다. 바다를 통해서 먼 바다로 나아가는 것을 실제적으로 말하면서 동시에 만리라고 하는 거리를 표현한 것은 만리에 통하는 과정이고, 세계제국에 이르는 과정임을 시인하였다. 만리는 상상의 공간인 동시에 세계에 이르는 통로로 된 셈이다. 만리의 도달점은 한족이 제시한 세계제국에 대한 깊은 공감과 역

---

2) 崔致遠, 「泛海」, 『孤雲先生文集』卷之一

사적 사실에 대한 추체험을 하면서 결과적으로 그곳에 이르고자 하는 흠모를 나타냈다.

시간과 공간은 중국에서 제공한 것이고, 이를 토대로 우주적 원리를 구체적으로 작은 작품에 담으려고 하였다. 일월과 천지를 언급한 것은 둘의 상호의존성을 말하면서 안팎에 구현되는 시간과 공간에 대한 인식을 담으려고 하였다. 그러면서 신선이 사는 영원성을 표현하면서 이를 통해서 궁극적인 삶을 지향하고자 하는 독자적인 생각을 드러냈다고 하였다. 최치원의 생각은 한문을 통해서 지식을 습득한 특정한 문학담당층의 보편적인 현상이었다. 그러나 엄격하게 말한다면 바다를 두고 전개한 시상의 결과물은 우리의 고유한 것이라고 하기 어렵다.

바다가 상상의 원천이지만 분명하게 생각의 층차가 있었음이 확인된다. 일자무식꾼인 현차남할머니가 전승하는 이야기는 최치원과 같은 인물이 중세의 문명에 세례를 받기 이전에 이루어지는 생각의 단초를 간직하고 있다. 문화적으로 올곧게 오랜 전승의 결과를 우리에게 전하고 있으면서 동시에 바다가 상상과 모험의 공간임을 분명하게 하였다. 이와 달리 최치원의 생각은 굳어진 생각으로 규범적인 상상의 결과물로 바다를 구실삼아 말하였다고 하겠다. 중세화된 뒤에 한문문명을 매개로 바다를 향한 생각의 일단을 전개할 수 있었음이 확인된다. 현차남할머니의 바다는 제주도의 시원성을 말하는 것이고, 최치원의 바다는 중세문명에 핵심에 이르는 길이고, 아울러서 영원을 영위하는 것이라고 하는 점에서 차별성이 있다.

우리는 해양문화의 근간이 되는 바다의 소중한 상상력을 통해서 이르는 두 가지 결과물을 간단하게 비교할 수 있었다. 제주도가 소중한 이유는 바로 이러한 전통적인 해양문화가 시원적으로 존재하며, 우리나라 다른 고장에서도 이룰 수 없었던 고유한 문화, 해양문화를 이룩하고 있는 점 때문이다. 이제 제주도 사람들에게 바다는 어떠한 것이었는지 몇 가지 사례를 두고서 살펴보기로 한다.

II. 제주도 사람들의 바다, 현실과 상상의 공간

제주도 사람들에게 바다는 고난과 궁핍의 터전이었다. 우리는 제주
도의 여성들이 생각하는 여러 가지 고난의 실상을 이들이 전하는 노래
를 통해서 일정하게 확인할 수가 있다. 가령 〈ᄀ래ᄀ는소리〉와 같은 것
을 본다면 바다에 대한 실상이 현실적으로 어렵게 인식되었음을 간명하
게 알 수가 있다.

> 에헤에연 이여동ᄒ라(이하 후렴 생략)
> ᄀ레글앙 이어 역들젠 ᄒ난/ 옷 앞섶에 전주리 난다
> 곰은 어선 에헤에 서울을 가난/
> ᄌ지곰에 에헤에 상거려간다
> 전성 궂게 날 낳으신 어멍/ 우리 어멍 날 나실 적에
> 어느 바당 에헤에 메역국 먹언/
> 잎잎마다 에헤에 날 울리던고
> 다슴어멍 말어시 살라/ 다슴어멍 지더레(?) 가렝ᄒ게(?)
> 옷 반반ᄒ나 신 반반ᄒ다/ 질곳집에 도실낭 심언
> 쓰냐 ᄃ냐 맛볼인서도/ 지녕살 이 ᄒ나 이엇
> 날로 나이에 날 골라뵌다/
> 오늘이엥 넓은제ᄒ랴/
> 본데 ᄌ냑 어둑는 집의/ 이엿말은 글앙근 가면
> 나 눈물에 절 올라온다/ ᄒ술밥을 열에나 먹언
> 가난 가난 말고나 가라3)

3) http://jeju.grandculture.net/gc/contents/contents.jsp?tid=600693 제주도 향토문화
대전에 수록된 〈맷돌노래〉를 인용하면서 이용하기로 한다. 원문에 해설이나 주석이 없어
서 이를 다시 정리하고 새삼스러운 해석을 더한다. 이 주석을 하는데 여러 인물의 도움을
받았는데, 그 가운데 특히 해녀박물관의 좌혜경선생님에게 도움을 받았다. 이에 감사를
드린다.

맷돌 갈아 이어 품팔자 하니/ 옷 앞섶의 고름이 닳아 헤어진다
고름이 없어서 에헤헤/ 서울을 가니 자줏빛 고름이 드물구나
팔자 궂게 날 낳으신 어머니/ 우리 어머니 날 낳으실 때에
어느 바다에 미역국 먹어/ 잎잎마다 날 울리던가
의붓어미 말없이 살라고/ 의붓어미 지더러 가라고 하게
옷이 반반하나 신이 반반하나/ 길갓집의 복숭아나무 심어
쓰냐 다냐 맛보면서/ 같이 살 사람 전혀 없네
날과 같은 나이에 나를 골라본다/ 오늘이라고 날이라도 안밝겠느냐
본디 저녁 어두운 집에 이여/ 이여 하는 말은 갈아서 가면
나 눈물 저절로 솟아난다/ 한술 밥을 열에나 먹어서
간다 간다 말고나 가라

이 소리는 제주도 사람의 여러 가지 사정을 말해주는 민요이다. 제주도의 여성들이 부르는 일종의 신세타령으로 고도로 압축된 사고가 드러난다. 소리는 정신과 물질이 결합하는 매우 고차원한 생각의 압축된 결과물임을 실제로 알 수 있는 매우 긴요한 소리이다. 이 소리는 흔히 밥을 해먹기 위해서 여러 가지를 맷돌로 갈면서 하는 것이다. 그러므로 여기에 제주도 사람, 특히 여성들의 기본적인 생각이 잘 드러나 있다.

이러한 표현은 다른 고장에서도 발견되는데 그 고장에서는 전혀 다른 비유를 가지고 와서 사람들에게 소개하고 있다. 가령 지리적으로 인접하고 있는 지역에서 동일한 신세타령이 있는데 그 지역에서는 동일한 사고의 표현을 '울어머니 날 슬 때는 온갖 노물이 다 쌨는디 곰곰초를 원했든가 곰곰삼삼 생각하믄 아무래도 못 살겠네'라고 하는 것이 이 표현과 닮아 있다.

제주도에서는 바다와 관련된 고도의 상징적이면서 일정한 공식구로 쓰이는 표현이 바로 '어느 바당 에헤에 메역국 먹언/ 잎잎마다 에헤에 날 울리던고'라고 하는 대목이다. 제주도에서만 발견되는 여성 신세타령으로 다른 고장에서 이러한 표현은 좀체로 발견되지 않는다. 그래서 자신의 사정을 반추할 수 있는 시간이라고 할 수 있는 맷돌질을 할 때에

이러한 슬픔을 표현하는 과정이 흔하게 발견되고 제주도의 전역에서 만 날 수 있는 대표적인 민요의 공식구가 바로 이러한 소리이다.

설룬 어멍 날 설아 올 적　　　설은 어머니 나를 가질 때에
어느 바당 메역국 먹곡　　　　어느 바다 미역국 먹고
절국마다 날 울렴싱고　　　　　물결마다 나를 울리는고
ㅂ름 불 적 절 일 적마다　　　　바람 불 적 물결 일 적마다
궁글리멍 못사는구나[4]　　　　흔들리며 못사는구나

이처럼 절실하게 제주도적 상황 속에서 우러난 신세타령은 없을 것이 다. 그러한 심정의 절실함을 통해서 제주도의 환경에 의해서 사람의 심 정과 문화가 탄생했음이 확실하다. 현실적인 고난은 다른 데서 오는 것 이다. 진정한 사람살이를 불가능하게 요소 때문에 사람이 고되고, 고된 삶 속에 절실한 노래가 탄생하게 된다. 눈물 바람을 하면서 일을 하고 일을 하면서 살아가는 사람에게 현실은 고난 자체이다.

현실을 벗어나고자 하는 상상 역시 이러한 고난의 연장이기는 해도 현실에서 벗어날 수 있다고 하는 점에서 더욱 소중한 면모가 있다고 하 겠다. 이 점에서 현실은 더욱 소중한 상상의 기반이 된다. 같은 신세타 령으로 하는 것인데 다음과 같은 소리가 있기도 하다. 이 소리의 사설을 모두 볼 수 없을 것이고, 대표적인 소리 하나를 들어보고자 한다.

이엿 문은 저싕문이여
이여도 질은 저싕질이여
가난 올 충 몰르더라
신단 보선에 볼 받아 놓곡
입단 옷에 풀ㅎ여 놓앙

4) 김영돈, 신세타령, 『제주도민요연구』 상권 - 자료편, 민속원, 2002, p.39.

애가 카게 지들려도
다신 올 충 몰르더라[5]

　이어도에 대한 말을 하는 것은 현실에서 벗어나고자 하는 상상의 산
물이다.[6] 이어도는 현재 상상의 섬이었던 것을 과학기지로 만들었으므
로 없어진 것이지만 기실 제주도의 전통문화 속에서는 여전히 살아 있
는 상상의 섬이 된다. 이어도는 제주도의 여성들에게서 발견되는 상상

---

5) 김영돈, 같은 책, p.4.
6) 현용준·고광민채록, 김재현구연, 이여도(중문동 대포), 『한국구비문학대계』9-3(제주도
　서귀포시·남제주군편), 한국정신문화연구원 어문연구실, 1983, pp.232~233. 밑줄은 주석
　을 표시한 것이다.
　* 지난 밤에는 1시까지 김옥련씨 댁에서 민요를 채록하고 그 민요의 각 구절마다 해설을
　들었다. 그 후에 김재현씨 댁에서 하룻밤을 편히 보낼 수 있었다. 이튿날에는 식사 대접
　까지 잘 받고, 식구들은 모두 밭으로 나가 버려 두 사람만 남았다. 김재현씨와 서로 마주
　앉아서 어젯밤엔 무엇을 했느냐고 묻기에 그저 '이여도 이여도' 하는 노래를 들었다고
　말하니, 이여도가 뭐라고 하더냐고 되물었다. 노래로 들었지 그 내용은 못 드렸다고 하
　니, 이여도에 대한 이야기를 짤막하게 전했다.
　* 본문 : 어느 한 남편이 군대에 출정을 나갔는데, 비교적 나가며는 흔 번 돌아오도 못ᄒ고.
　옛날에 무슨 전화가 시카(있을까). [조사자 : 예.] 뭣이 아무것도 엇는(없는) 때예 춤 펜지
　도 전ᄒ기가 곤란ᄒ주. 펜지도 사름이 날랐거든. [조사자 : 예.] 그럴 때예 흔 번 나가며는
　소식 없이 흔 세상 다 ᄆ치는 사름덜이 많거던, 그 군대에 나가면.
　그러면 '어떵사(어떻게야) 지난(지내서) 이제도 죽어신디(죽었는지) 살아신디 모른다.'
　(1)[주]남편이 군대에 출정해서 돌아오지 않으니 살았는지 죽었는지 모르겠다고 추측하
　는 한 부인의 생각. 그 부인네는.
　　그러면 그 ᄀ레·방애(맷돌·방아)(2)[주]제주도 민요 내용에 이여도는 많이 불리워지
　지만, 특히 맷돌·방아 노래에 많이 불리움. 홀 때예다 노래를 그렇게 부른다. 그 남펜을
　생각ᄒ는, 서방을 생각ᄒ는 견지에서 노래를 그렇게 멘드는데, 이여도라 흔(하는) 섬이,
　이여도엔(이여도라고) ᄒ민(하면) 섬도쩨주게(島字이지). [조사자 : 예.]
　　이 섬이 어느 부근, 아마도 그 혼재(혼자) 있는디, 있으니까 여기서민 어디 오가나와
　(3)[주]流球列島. 라던지, 어디 중원(中原) 어디 무슨 섬이라든지 이런 디가 있으며는 군대
　예 가서 요디나(여기에)(4)[주]이여도라는 데나. 부떠서(나붙어) 살아보지 안ᄒ는가? 이렇
　게 짚으는 말인데, 그 이여도라는 섬이 어디 있는 것을 알아지민(알게 되면) 거 합격
　(5)[주]전설의 한 편으로 합격이라는 말.인디, 섬이 있는지 없는지 모르주. 이여도 말ᄒ되
　이여도가 아니고 무슨 어디 섬을 이여도라도 했는지(6)[주]命名했는지. 모르주.

의 섬이다. 그 섬을 통해서 사람이 이를 수 없는 고난의 실상을 전하는 구실을 하였다. 이어도 문은 저승문이라고 했으며, 동시에 이어도의 길을 저승길이라고 하였다. 가면 올 줄 모른다고 하였으며, 신던 보선에 볼을 받아놓거나 입던 옷에 풀을 하여놓고 애가 타게 기다려도 다신 올 줄 모르는 섬을 말하였다.

현실적인 고난의 섬인 제주도를 벗어나서 새로운 상상의 섬인 이어도를 생각하는 것이 긴요하다. 제주도는 섬 속의 섬이 있고, 동시에 섬 밖의 섬이 있는 환경을 가지고 있다. 이어도는 섬 밖의 섬이고 섬밖의 섬을 통해서 현실을 벗어나는 슬픈 상상을 하였다고 해도 볼 수가 있다. 이어도에 한 번 가면 다시 올 줄 모른다고 하였으나 일설에 의하면 그곳은 아주 사람이 살기 좋은 섬이라고 말하는 대목도 있다. 이 점에서 현실적인 고난의 섬을 벗어나서 상상의 섬에 이를 수 있는 것이 매우 중요한 발상이다.

우리는 노래를 통해서 확인한 바다에 대한 현실적인 인식과 현실을 떠난 상상이 서로 연결되어 있으며, 그 연결 과정을 통해서 고난과 고난을 극복하고자 하는 생각의 형태를 알 수가 있게 되었다. 노래 속에 현실의 고통과 회한이 담겨 있으며, 이를 벗어나고자 하는 생각으로 이어도에 대한 상상을 통해서 고통을 잊고자 하는 생각이 전개되었다. 그렇게 해서 이야기를 지어냈다.

전통적으로 이야기는 거짓말이고, 노래는 참말이라고 하는 말이 있다. 이 말의 근저를 통해서 제주도의 사람들이 이룩한 구전문화가 별도의 것이 아님을 알게 된다. 그러나 분명하게 다른 점은 바로 섬을 중심으로 하는 각별하게 기억되는 전통문화를 이룩했음을 볼 수가 있다. 이 점에서 제주도 사람들의 삶이 각별하게 기억되곤 한다.

제주도의 본풀이가 바다에 대한 본격적인 상상을 전개하는 중심 갈래이다. 제주도는 본풀이의 섬이고 본풀이의 나라이다. 본풀이를 통해서 전통을 수립하고 본풀이로 역사를 기록하는 전통이 훌륭하게 자리하고

있다. 그런 점에서 제주도의 본풀이는 바다로 둘러쌓인 전통적인 고장
이며, 제주도 본풀이는 바다의 선물이라고 하는 점을 항상 잊을 수가 없
다. 바다를 통해서 바다를 일군 대표적인 갈래가 본풀이이다.

가령 제주도의 대표적인 본풀이 가운데 하나인 〈궤눼깃당본풀이〉는
주된 이야기의 무대 배경이 바로 바다이다. 이 본풀이는 제주도의 있었
던 역사에 대한 강렬한 기억을 담고 있는 본풀이이다. 그래서 바다가 남
다른 구실을 하고 있다. 이 본풀이의 중심적인 주제는 궤눼깃도의 영웅
적 위업을 이루는 탄생과 좌정에 대한 일대기를 보여주는 것이다.

이 본풀이 흔히 돗제를 하면서 부르는 본풀이이므로 경우에 따라서
이를 〈돗제본풀이〉라고 지칭하기도 한다. 이 본풀이의 주요 내용은 다
음과 같다. 이 본풀이의 주인공은 궤눼깃도이다. 궤눼깃도는 소로소천
국과 백주또할망의 막내아들로 태어나서 부모에게 함부로 한 죄로 집에
서 쫓겨난다. 무쇠로 만든 상자에 담겨져서 바다에 버려졌다가 동해에
있는 동해용왕국에 가서 동해용왕의 막내딸과 혼인했다. 혼인날에 밥
상을 받고 거들떠도 보지 않아 아버지와 딸이 아주 난처해했다. 사정을
알아보니 '자신은 술도 장군, 밥도 장군, 국도 장군, 고기도 장군'으로
먹는다고 했다. 그래서 양이 작은 밥상을 보고 거들떠보지 않았다. 동해
용왕이 사위대접을 못하겠는가 하면서 본격적으로 대접해서 결국 동해
용왕국의 재정이 고갈되어서 휘청거리게 되어서 결국 딸과 사위를 무쇠
상자에 담아서 버렸다. 그렇게 버려진 아이는 강남에 있는 천자국에 가
서 괴물을 퇴치하게 되는데 머리가 셋, 넷, 다섯, 아홉 등의 괴물을 죽이
고, 모든 벼슬을 거절하고 제주도 김녕리에 돌아와서 궤눼깃당을 차지
하고 마을사람인 단골로부터 돼지고기를 온전하게 받아먹는 본향당신
으로 자리잡았다고 하는 것이 이야기의 핵심적인 내용이다. 단골과 본
향신이 서로 계약을 조정하는 과정에서 본디 황소 한 마리를 받아먹어
야 하나, 돼지고기 온 마리로 바치기로 신과 인간의 계약이 변경되는 일
이 벌어졌다.

이 과정에서 보이는 바다는 여러 가지로 되어 있다. 일단 외지에서 들어오는 인물이 건너오는 바다이다. 다음으로 주인공이 현실적인 어려움을 당해서 버려지는 바다이다. 주인공이 재차 버려지는 바다이다. 마지막으로 자신의 좌정처를 정하기 위해서 돌아오는 바다이다.

　(가) 어머니인 백주또마누라가 건너오는 '강남천제국 벡몰래왓'과 바다
　(나) 궤눼깃또의 '무쉐설캅'에 실려 '동이와당'으로 띄워지는 바다
　(다) 동해용왕국 '족은똘'과 함께 버려지는 궤눼깃또의 바다
　(라) 조선국 제주도로 나오는 궤눼깃또의 바다

바다는 점차로 변증법적 비약을 거듭하고 있다. (가)에서는 윗대의 이야기에 등장하는 바다이다. 소로소천국이 자신의 삶을 청산하기 위해서 외지에서 들어온 백주또마누라를 맞이하기 위한 과정에서 이 바다가 등장한다. 이 바다를 통해서 새로운 생명의 원천을 받아들이고 동시에 외지와의 연계를 강조하는 바다로 된다.

(나)에서는 주인공이 자신의 삶을 갱신하고 새로운 비약을 위해서 버려지는 바다로 새로운 공간의 체험과 함께 자신의 영역을 벗어나서 모험을 하는 공간이라고 할 수가 있다. 이 바다 여행을 통해서 주인공이 자신의 혼인대상인 배우자를 구하고, 새로운 힘을 구하는 것이 중점에 놓이고 있다. 바다의 모험과 여행을 떠나는 일이 제시되고 있다. 바다에 가서 자신의 삶을 변형하는 과정임이 분명하다.

(다)는 자신의 가정을 일군 뒤에 새로운 모험을 떠나는 것이다. 영웅의 행적을 위해서 하는 것이 요점이다. 괴물을 물리치려고 나서서 그곳에서 자신의 부모 가운데 어머니가 태어난 곳을 체험하는 것이다. 그 과정을 통해서 주인공은 영웅적 능력을 마침내 입증하게 된다. 주인공은 새로운 삶을 살게 되는 것이 요점이다. 이 영웅의 능력은 제주도와 강남천자국의 연계성을 환기하는 중요한 것이다. 한 쪽에 치우친 것과 세계의 중심에 설 수 있다고 하는 것이 이 설정에서 발견된다.

(라)는 제주도로 나오는 과정의 바다이다. 이 바다는 단순한 바다가 아니다. 이 바다는 궤눼깃또의 힘이 구현되는 과정이다. 제주도에서 출발하여 제주도로 되돌아오는 순환을 통해서 제주도 신의 일생이 완성되고 제주도의 삶에 일정한 성취가 이루어지는 것이다. 순환의 과정은 제주도 사람들의 보편성과 의미 지향을 알 수 있는 중점적인 구실을 하게 된다. 이 점에서 바다는 긴요한 것이라고 할 수가 있다.

본풀이는 제주도 사람들의 기억에서 이루어지는 핵심적인 구전역사의 한 바탕으로 영웅적 쟁패와 위업이 어떻게 이루어졌는지 생생하게 전하고 있는 서사시이다. 이 서사시가 소중한 이유를 아무도 모른다고 해도 지나치지 않는다. 이제 여기에 생명을 부여하여 드넓은 세계에 대한 탐구심과 제주도 사람의 가슴에서 타오르고 있는 열정을 새삼스러이 평가해야 한다. 이 본풀이를 통해서 제주도의 역사, 제주도 사람의 영혼을 만나는 체험의 장이 된다. 소박한 것에 위대함이 깃들어 있다고 하는 생각을 항상 우리는 잊지 말아야 하겠다.

제주도에 통일왕조가 없었다고 하는 사실은 불완전한 역사적 증거를 말하는 것같지만, 오히려 이러한 본풀이가 있다고 하는 데서 제주도의 구전서사시에 기재된 삶의 깊이와 각인을 재평가해야 한다. 본풀이를 들으면서 제주도의 보편적 사고가 무엇이고 기록되지 않아서 더욱 생생한 구비역사의 전모를 알아야 할 것이다.

Ⅲ. 제주도와 태평양 섬들과의 비교

제주도에서 드넓은 대양으로 가면 비슷한 형태로 된 다양한 섬 문화의 전통과 만날 수 있다. 가령 제주도와 인접하고 있는 여러 섬 가운데 인도네시아 · 멜라네시아 · 미크로네시아 · 폴리네시아 등으로 통괄되

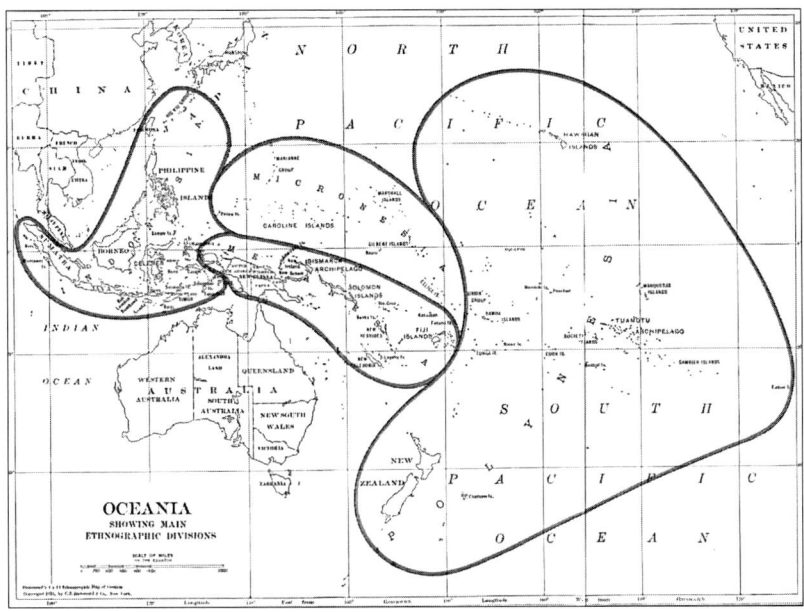

그림 1. 제주도와 오세아니아신화의 민족지도

는 섬들이 있다. 이 섬에서 보이는 여러 가지 현상은 제주도와 그렇게 다르지 않다. 모두 통일된 왕조를 건설하여 문자로 역사를 기록하는 일이 적었으며, 대체로 인류의 시원적 삶을 그대로 유지하면서 자신들의 기억으로만 역사를 전하는 특징이 있다.

제주도는 고립되어 있는 지역이 아니다. 한반도에서는 마지막에 위치하고 있지만, 바다를 상정하여 태평양이라고 하는 커다란 세계를 본다면 한반도의 출발지점이라고 할 수가 있다. 제주도 사람이 이룩한 문화를 뚜렷한 공질성을 근간으로 하면서 진전되 생각을 거듭 확인할 수 있는 유일한 희망처가 된다.

제주도가 가지는 해양문화적 속성은 별난 것이 아니다. 오히려 전체적인 이해를 위해서 제주도의 중요성을 거듭 평가해야 한다. 제주도는 그러한 점에서 해양문화의 연결고리이고 우리나라 문화의 한정적 세계를 드넓힐 수 있는 좋은 대상이 된다. 제주도의 전통과 문화가 해양문화의 중심을 이루고 있듯이 세계의 해양문화를 이해하는데도 매우 긴요한 구실을 할 수 있을 것으로 평가된다.

한국의 역사와 문화 그리고 제주

하멜의 표착과 제주

신동규 동아대학교 국제학부 교수

▲ 하멜상선전시관 전경

하멜의 표착과 제주[1]

I. 머리말 - 하멜 표착 당시의 세계와 조선

헨드릭 하멜[2]이 1653년 제주에 표착한 사실은 너무나도 유명한 역사적 사실이지만, 이렇게 서양인의 동아시아 진출이 이루어진 것은 당시 세계에 커다란 변혁이 있었기 때문이다. 즉, 15세기 서유럽의 르네상스와 대항해시대를 시작으로 16세기의 종교개혁을 거치면서 17세기에는 세계의 패권구도가 구도가 바뀔 정도의 대 변혁이 이루어졌다. 특히, 1588년 에스파냐의 무적함대가 당시 거대 세력으로 부상하고 있던 영국의 본토 공격에 실패해 궤멸하면서 결정적 타격을 입어 구교권 국가의 세력은 약화되고, 이를 대신해 영국과 네덜란드가 세계의 해상무역권을 잠식해나가기 시작했던 것이다. 이와 동시에 영국은 1600년에 동인도회사를 설립하였고, 네덜란드는 1602년에 동인도연합회사(VOC)를 설

---

1) 본고는 신동규, 『근세 동아시아 속의 日·朝·蘭 국제관계사』, 경인문화사, 2007의 I·II·III장의 일부를 수정·보완한 것이다.
2) 헨드릭 하멜(Hendrik Hamel)은 金錫翼 편찬의 『耽羅紀年』孝宗 4年 계사조를 보면, "합매아(哈梅児)"라고도 호칭되고 있었다("是歲, 和蘭國人哈梅児, 漂到州境至十二年, 乃還", 『韓國近代邑誌』48, 한국인문과학원, 1991). 이것은 하멜이라는 字音으로부터 가차된 것으로 생각되어지나, 결국은 조선을 탈출할 수밖에 없었던 이국인이었기 때문에 본고에서는 편의상 네덜란드 명칭을 그대로 사용한다.

립하면서, 17세기 이후 동아시아 진출에 박차를 가하였다.

그런데, 동아시아 또한 변혁의 시기에 있었다. 15~16세기에 명은 북로남왜, 즉, 북으로는 오이라트와 타타르 부족들이 변방을 침입해왔고, 남쪽으로는 왜구의 침입이 잦아 국내외 혼란이 거듭되어 세력이 약화되기 시작했다. 더욱이 1592년 일본의 조선침략(임진왜란·정유재란)으로 인해 명은 막대한 전력과 경제력을 소비하게 되었고, 국내 정쟁으로 인해 세력 약화가 가속화되었으며, 이를 틈타 여진은 세력을 강화시키고 있었다.

17세기 조선의 상황 또한 마찬가지였다. 1592년에 발생한 임진왜란과 정유재란에 의해 조선의 전 국토는 성한 곳이 없을 정도로 황폐해 있었다. 전후 7년간에 걸쳤던 이 전쟁은 백성을 도탄에 빠트렸고, 정치·경제·문화·사회·사상 등 각 방면에 걸쳐 조선 정부에 심각한 타격을 가했다. 또한, 전쟁의 상처가 아무를 틈도 없이 뒤를 이어 국내에서는 인조반정의 논공행상 문제로 '이괄의 난'이 일어나 토벌군을 보냈음에도 불구하고, 오히려 반란군에게 패해 반란군은 경기도 벽제에까지 이르렀다. 이로 인해 인조는 공주로 피난을 갈 수밖에 없었고, 수도 한성은 반란군에게 점령되었다. 결국에는 이괄의 부하였던 기익헌·이수백 등의 배신으로 반란군은 진압되었지만, 이러한 혼란은 연이은 여진족의 침략으로 더더욱 조선 정부를 혼란케 만들었다. 다시 말하자면, 명의 약화를 틈타 1616년 누르하치가 선양(瀋陽)에 후금(後金)을 세우고 1627년에는 조선에 침략하였으며(정묘호란), 1636년에도 제2차 침략을 감행하여(병자호란) 조선을 공략하였던 것이다. 그 결과 조선은 청의 조공책봉체제 속에 포함되었으며, 이를 시작으로 동아시아권에서 한족을 대신해 여진족이 정권을 획득하게 되는 이른바 명·청교체가 일어나 새로운 동아시아 국제질서가 편성되었다.

이러한 상황 속에서 1627년에 네덜란드인 박연[3] 일행 3명이 제주에 표착하였고, 1653년에는 하멜일행 36명이 표착하였다. 동아시아의 이국표류민이라면 표류민 구제조치로서 송환시켰을 것이지만, 서양표류민이었기에 처리에 고심하고 있던 조선정부는 이들을 훈련도감에 배속시켰다. 즉, 조선은 북벌계획을 추진하고 있었고, 이들 네덜란드인들은 선진적인 서양식 무기에 대한 지식을 가지고 있었기 때문에 군사력 강화의 핵심기구였던 훈련도감에 배속시켰던 것이다.

그러면 여기서 본고의 주제로 돌아가 두 차례의 네덜란드인 제주 표착 중에서 1653년 하멜일행의 표착과 제주에서의 생활을 중심으로 살펴보도록 하겠다. 특히, 하멜일행의 표착지 문제와 제주목으로의 이동, 제주에서의 생활과 박연과의 만남, 서울로의 이송 등을 검토해보고 하멜이 제주에서 갖는 의미를 간단히 피력해보겠다.

II. 하멜일행의 표착지

1653년 8월 15일과 16일 새벽 사이에 하멜일행은 스페르붸르호에 승선하여 일본으로 가던 중 거센 풍랑을 만나 제주에 표착하였다. 제주에 표착한 것은 『하멜보고서』(사진 1)[4]를 비롯하여 조선의 많은 사료들이 이에 대해 기술하고 있어 널리 알려진 사실이다.

---

3) 본명은 얀 얀스 뷜테브레(Jan janse Weltevree)이다. 그는 조선표착 후, 훈련도감에 배속되어 '朴燕·朴淵·朴延·朴仁·胡呑萬' 등으로 불렸다. 이에 관해서는 다음의 연구들이 명확히 하고 있다. 李丙燾, 『하멜漂流記』, 一潮閣, 1954, p.32. 中村榮孝, 「蘭船の朝鮮漂着と日鮮の交渉」, 『靑丘學叢』23, 1966. 이하, 본고에서는 박연(朴燕)이라는 조선 이름을 사용하는데, 이것이 그가 조선의 무과에 급제해 훈련도감의 관직에 있으면서 조선의 서양식 무기개발에 큰 공헌을 했고(申東珪, 「オランダ人漂流民と朝鮮の西洋式兵器の開發」, 『史苑』61-1, 2000.), 조선 여성과 혼인을 맺었으며, 조선에 귀화해 조선인으로서의 일생을 마쳤다는 점에서 그 의의를 지니고 있기 때문이다.

사진 1. 필사본 『하멜보고서』가 수록되어 있는 VOC의 공문서

하지만, 하멜일행이 제주의 어느 곳에 표착했는지는 아직도 의견이 분분하다. 현재에 이르기까지 ①하멜기념비 주변 지역(사계리 해안가), ②중문해안, ③강정해안, ④대야수 연변(수월봉 남쪽 해안가), ⑤가파도 주변, ⑥중국 표착 등 하멜 표착지에 대해서는 정부의 공식적인 입장이나, 또는 학자들에 의해 공인된 곳은 없다. 다만, 최근 학자들 사이에서는 『지영록(地瀛錄)』5)이라는 사료에 수록된 「서양국표인기(西洋國漂人記)」의 "대정현 지방 차귀진(遮歸鎭) 하의 대야수(大也水) 연변에서 부서졌다."는 내용을 근거로 하멜일행은 제주도의 '대야수 연변'에 표착하고 있었다는 것에는 대략적인 의견을 일치를 모으고 있다.

여기서 '대야수 연변'의 위치가 문제인데, 현재는 한경면 고산리 수월봉 밑의 해안가,6) 신도해안을 중심으로 하는 좌우 해안가,7) 도원포

---

4) 일반적으로 『하멜표류기』라고 불리고 있지만, 보다 정확한 명칭은 『하멜보고서』이다. 그 이유는 문서의 제목이 보고서의 형식을 띠고 있고, 하멜이 작성한 이 문서는 하멜일행이 조선에 장기간 체재하고 있던 기간 중에 동인도회사로부터 받지 못한 급료를 청구하기 위한 중요한 증거물이기도 했으며, 동시에 그들이 조선 체재 기간 중에도 조선에 대한 정세와 정보를 네덜란드에 알리기 위해 기록한 상세한 관찰보고서의 성격을 가지고도 있기 때문이다. 다시 말하면, 『하멜보고서』는 단순한 흥미본위의 『표류기』의 성격이 아니라, 실증적 역사적 기록물이라는 것을 강조하고 싶다.

5) 李益泰저 / 金益洙역, 『知瀛錄』, 제주문화원, 1997.

6) 신동규, 「네덜란드인의 朝鮮漂着에 관한 再考察 -漂着船 · 漂着年 · 漂着地를 중심으로-」, 『사학연구』58 · 59호, 1999 ; 신동규, 앞의 책, 제1장 참조.

7) 김동전, 「和蘭船 스페르붸르호의 제주표착에 대한 재검토」, 『하멜 漂着地에 대한 학술세미나』 발표초록, 1999.

구,[8] 영락리의 한양개[9] 등이 언급되고 있다. 이러한 문제점들에 대해서 필자는 이미 기존에 수차례에 걸쳐 고산리 수월봉 밑의 해안가임을 명확히 했는데, 그 이유를 간단히 정리해보면 다음과 같다.

첫째, 『지영록』의 기록과 제주의 고지도에서 '대야수 연변'의 위치를 차정할 수 있는 점이다. 전술한 차귀진은 『탐라순력도(耽羅巡歷圖)』의 「차귀점부(遮歸點簿)」에 의하면, 당산악과 고산 사이에 있는 진을 가리키고 있으며, 대야수 연변은 『탐라순력도(耽羅巡歷圖)』의 1702년 「한라장촉(漢拏狀矚)」에 의하면, 고산의 남쪽 해안 부근에 대야수포(大也水浦)가 있으므로 그 부근 해안이다. 1709년의 제주도민속자연사박물관에 소장되어 있는 「탐라지도병서(耽羅地圖幷序)」에도 고산의 바로 남쪽으로 대야수포(大也水浦)가 기록되어 있으며, 18세기 초기 경에 제작된 「濟州地圖」(『濟州의 옛 地圖』)를 비롯해, 18세기 중반 경에 제작된 「濟州三縣圖」(『濟州의 옛 地圖』)에도 고산의 남쪽 해안 부근에 대야수포(大也水浦)가 보이고 있다. 고산은 때로는 고악산이라고 불리고 있었으나, 현재는 수월봉이라 불리고 있으며, 현재의 행정구역으로 한경면 고산리이다. 『지영록』에 보이는 대야수(大也水)가 수월봉의 남쪽 해안 부근인 것은 명확하다.

둘째, '대야수'라는 용어의 문제이다. 이미 널리 알려진 사실이지만, 수월봉 남쪽 해안 부근에는 현재도 대물·큰물이라고 부르는 곳이 있다. '대=大', '큰=大', '야=也', '수=水', '물=水'로 음가를 빌린다면, 대물은 대수(大水)이며, 큰물도 대수(大水)가 된다. 대야수포(大也水浦)라는 것은 대야수가 있는 포구를 의미하거나, 대물이나 큰물이 있는 포구를 의미한다.

8) 채바다, 「하멜(Hendrick Hamel) 漂流記의 歷史的 再照明과 漂着地에 관한 硏究」(상동).
9) 고광민, 『濟州道浦口硏究 -歷史·民俗學的 接近-』, 제주대학교탐라문화연구소, 2003, pp.146~151.

사진 2. 용머리 해안 언덕에 있는 하멜기념비

셋째, 『남사록(南槎錄)』의 기록으로도 표착지를 유추할 수 있다는 점이다. 『남사록』은 김상헌이 안무어사로 제주도에 파견되어 기록한 것인데, 대정현의 병선을 정박시킬 수 있는 포구를 설명하면서 대정현에서 "…대야수포는 서쪽으로 30리(里), 서림포는 서북으로 15리(里), 모슬포는 남쪽으로 10리(里)…"에 있고, 차귀방호소(遮歸防護所)는 대정현성의 서쪽 26리(里)에 있다고 기록하고 있다. 당시의 30리(里)는 10리가 약 4.5Km이므로 대야수포는 대정현에서 서쪽으로 13.5Km 떨어져 있는 곳에 위치하며, 26리(里)는 11.7Km이므로 차귀방호소(遮歸防護所)는 서쪽으로 11.7Km떨어진 곳에 있다는 것이 된다. 이원진의 『탐라지』에는 차귀성(遮歸城)이 25리(里)에 있다고 기록되어 있다. 그런데, 여기서 중요한 것은 대야수포(大也水浦)가 대정현의 서쪽에서 30里(13.5Km)에 있다는 부분으로 하멜일행의 표착지로 추정되는 현재의 수월봉 남쪽 해안에서 구 대정현까지의 직선거리 약 12Km와 거의 비슷하다는 점이다. 또, 당시에 도로가 있었다는 것을 염두에 두고, 그 도로가 지도상의 직선보다는 약간 더 길 것이라는 오차를 둔다면, 『남사록』에 보이는 13.5Km 내외일 것이기 때문에 거의 같은 거리라고 볼 수 있다. 이는 표착지의 범위를 정하는데 무척 귀중한 논거가 되는 점으로 대정현에서 서쪽으로 13.5Km 떨어진 해안가 주변이 바로 하멜일행의 표착지가 된다는 것이다. 여러 가지 어느 정도의 오차를 감안하더라도 수월봉 남쪽 해안가 주변(절벽 아래의 해안가 주변)이 하멜일행의 표착지로 예상되며, 여기에는 대물과 큰물이 있다는 해안이 포함된다.

그러나 현실적으로 하멜일행의 표착지에 관한 역사적 사실은 왜곡되어 있다. 현재 하멜기념비(사진 2)가 세워져 있는 곳의 아래쪽 용머리 해안가에 위치한 '하멜상선전시관'(사진 3 · 실제 이 선박은 바타비아호를 모형으로 한 것으로 하멜이 승선한 스페르붸르호가 아니다)에는 이곳이 하멜일행의 표착지가 아님에도 불구하

사진 3. 하멜상선전시관 전경

사진 4. 하멜상선전시관에서 하멜일행의 표착상황을 재현한 모형

고, 역설적으로 용머리 해안가의 표착을 강조라도 하고 있듯이 모형이 제작되어 있다(사진 4). 물론 광광사업도 중요하지만, 고증되지 않은 역사적 사실을 사실로 전시하는 것은 또 다른 역사왜곡을 불러올 위험성이 크다.

Ⅲ. 표착 이후와 제주목으로의 이동

아무튼 8월 15일과 16일 사이에 제주도 대야수 연변에 표착한 하멜일행은 선원 64명 중 36명만이 살아남았는데, 여기서는 『하멜보고서』의 기록을 토대로 일행이 제주목으로 호송되기까지의 구체적 상황을 추적해보겠다.

일행은 17일 정오 무렵에 제주도 사람에게 발견되어 저녁 무렵부터는 100여 명의 인원에게 둘러싸여 감시를 받게 되었다. 18일에는 약 1~2천 명의 제주도 군사들이 그들의 주위에 배치되었고, 곧이어 이들 중의 일부는 조선 측의 지휘관에 의해 심문을 받게 되었다. 하지만, 의사소통이 어려웠기 때문에 별다른 정보교환이나, 난파의 이유 등에 대해서 조선 측은 별다른 성과를 얻지 못했다. 19일에는 조선인에 의해 난파선 스페르붸르호의 화물들을 육지로 옮겨 햇볕에 말리는 작업이 진행되었으며, 쇠붙이가 있는 목재들을 태우느라고 분주했다. 『지영록』에 의하면, 당시 제주도의 목사는 이원진, 판관은 노정, 대정현감은 권극중이었는데, 이중에서 판관 노정과 대정현감 권극중이 현장을 감독하고 있었다. 이날 하멜일행이 바위틈에서 발견한 포도주를 이들에게 주자 대단히 만족해하며 깊은 우호감을 나타냈다고 『하멜보고서』는 기록하고 있다.

8월 20일에도 전날과 마찬가지로 목재를 태우는 작업이 진행되고 있었는데, 그 중에 들어 있던 화약이 폭발하는 바람에 조선 측의 지휘관을 병사들이 도망치는 일이 발생했다. 하지만, 하멜일행이 다시는 폭발하지 않을 것이라고 손짓을 하자, 계속 작업이 진행되었다. 21일에는 조선 측의 지휘관이 하멜일행 몇 사람을 불러 텐트 안에 있는 일행의 물건을 봉인할 것을 명령하였다. 그런데, 얼마 지나지 않아 하멜일행의 물건을 훔치려다 발각된 몇몇 사람들이 붙잡혀 왔는데, 조선 측 지휘관은 하멜일행이 보는 앞에서 그들에 대한 처벌을 명하였고, 그들의 일부는 발바닥을 맞아 발가락이 떨어져 나가는 자도 있었다고 한다. 정오 무렵에 하

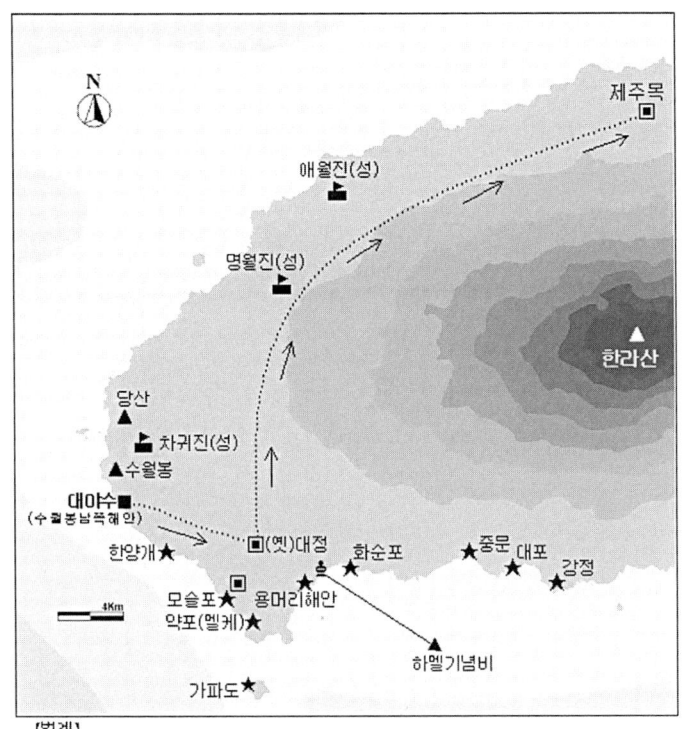

【범례】
□행정지역 🏯성/진(城/鎭) ★기존표착추정지 ▲산 ⚱하멜기념비 ……이동경로
■필자가 주장하는 하멜의 표착지(대야수=수월봉남쪽해안)

그림 1. 하멜일행의 표착 후 이동경로도

멜일행에게 출발 명령이 내려져 말을 탈 수 있는 사람에게는 말이 주어
지고, 부상으로 탈 수 없는 사람들은 들 것에 실려서 이동하였다. 저녁
무렵에 대정에 도착하여 이곳에서 머물렀는데, 하멜은 이날 약 4메일을
여행했다고 기록하고 있다.

22일 아침 무렵에는 다시 말을 타고 가다 어느 성채 앞에서 아침을 먹
었는데, 그곳에는 2척의 정크선(병선)이 정박하고 있었다고 한다. 오후
에 제주목에 도착하였는데, 그곳에 당도하자 제주목 건물(현재의 관덕
정) 앞에서 제주목사 이원진의 심문을 받았으나, 역시 의사가 소통되지
않았다. 다만, 이원진은 하멜일행이 "야판 낭가사키(일본 나가사키)"라

고 하자 그 말은 알아듣고 있었다고 기록하고 있다. 여기에서 일행은 심문을 받고 왕의 숙부(광해군)가 유배되어 있던 집에 머물게 되었다.

이상까지가 하멜일행이 표착한 후부터 제주목에 이르기까지의 상황인데, 더욱 상세한 경로는 다음과 같다.

즉, 위의 (그림 1)에 보이듯이 수월봉 남쪽 해안의 대야수 부근에 표착하여 옛 대정현을 거쳐 명월진을 지나 제주목에 이르렀다. 『하멜보고서』의 8월 22일의 기록에 의하면, "우리들은 아침 일찍 해가 뜨자마자 다시 말을 타고 출발하여 도중에 어느 성채 앞에서 아침식사를 했다. 그곳에는 2척의 전쟁용 정크선이 정박하고 있었다."는 기록이 보이고 있는데, 여기서 말하는 성채가 바로 명월진(성)이다. 이곳은 이른 아침 대정현을 출발해 아침 식사를 취할 수 있는 거리에 위치해 있으며, 실제 『耽羅巡歷圖』의 「명월조점(明月操點)」에 의하면, 선박이 정박할 수 있는 시설도 있었다. 이러한 논증은 하멜일행이 표착했던 1653년, 명월성에 板屋戰船 1척과 格軍 103명이 있었다는 기록으로부터도 확인할 수 있다(『耽羅志』, 濟州, 水戰所).

일본의 연구가 이쿠타 시게루(生田滋)씨는 1961년에 『하멜보고서』를 번역하여 「조선유수기(朝鮮幽囚記)(1)」라는 명칭으로 『조선학보(朝鮮學報)』(19집, 1961)에 게재하면서 이 작은 성채를 모슬포에 있는 방호소라고 했다가, 이 번역문을 『조선유수기(朝鮮幽囚記)』(平凡社, 1969)라는 제명으로 출판했을 때에는 차귀진으로 개정하고 있다. 그 근거로서 차귀진에는 방호소가 설치되어 있었으며, 작은 성과 객사, 군기고, 약간의 병사가 존재하고 있었기 때문이라고 했다. 그러나 이 성채는 모슬포의 방호소도 차귀진도 아니다. 『탐라순력도』의 「차귀점부(遮歸點簿)」에 의하면, 차귀진에는 진(鎭)만이 있었고, 선박이 정박할만한 수전소는 보이고 있지 않으며, 『탐라지(耽羅志)』에서 제주의 수전소를 기술한 부분에도 차귀진에 관한 그 어떠한 언급도 보이지 않는다. 또, 대정현에서 제주목까지 이동할 경우, 차귀진(현재의 고산리) 쪽의 도로를 이용하면

서쪽으로 우회하는 것이 되어 명월성(현재의 명월리)으로의 길을 이용
하는 것보다 시간이 더 걸린다.

　이러한 상황을 종합해 볼 때, 하멜일행이 대정현에서 제주목으로 이
동 할 때 이용한 도로는　대정현→명월성→제주목의 도로임을 알 수 있
다. 조선시대 제주관련 고지도 중에서 앞에서 언급한 「제주삼현도(濟州
三縣圖)」나 「탐라지도병서(耽羅地圖并序)」를 보면, 명월진의 옆길을 통
과하는 도로가 보이고 있으며, 지명과 거리 등이 상세하지는 않지만,
『대동여지도(大東輿地圖)』에도 이 길은 명시되어 있다. 또 1899년의 필
사본이기는 하지만, 『대정군읍지(大靜郡邑誌)』의 「대정군지도(大靜郡
地圖)」에도 '제주지군상대로(濟州至郡上大路)'로 표기되어 있는 도로
가 보이고 있어 이 길을 이용했음을 추측해 볼 수 있다.

IV. 제주생활과 박연과의 운명적 만남

　제주목에 도착한 하멜은 제주도에서의 생활을 그의 보고서에 어느 정
도 상세히 기록하고 있으며, 특히 제주에서 이원진 목사의 심문을 받은
후에 그에 대한 좋은 인상을 기록하고 있다. 즉, 목사 이원진은 선하고
이해심이 있으며, 서울 출신에 70정도의 나이로 조선 국왕, 즉 효종의
두터운 신망을 가지고 있는 사람이라고 하였다.

　실제로 이원진은 이국땅에 표착한 하멜일행에게 따뜻한 위로의 말을
전해주기도 했으며, 또 먹을 식량을 지급함과 동시에 매일 교대로 6명씩
외출할 수 있는 기회까지 부여해 주고 있었다. 더욱이 이원진은 하멜일
행과의 대화 시간을 자주 가졌기 때문에 후에는 어느 정도 몸짓과 서투
른 말로 어느 정도의 의사소통이 이루어지고 있었다. 그만큼 이원진은
하멜일행에게 적대적인 인물이 아닌 원조자로서의 역할을 베풀고 있었

던 것이다. 가끔은 일행에게 향연과 오락시간을 주어 더 이상 슬픔을 느끼지 않게 되었으며, 또 왕에게 보낸 서신이 도착하는 대로 일행을 다시 야판(일본)으로 보낼 것이라는 말과 함께 부상자들을 치료해 주며, 매일 그들에게 용기를 북돋아 주고 있었다고 하멜은 기록하고 있다.

하지만, 이원진의 절대적인 원조는 새로운 목사가 파견되면서 상황이 완전히 바뀌었다. 12월 초순 무렵에 이원진은 3년의 임기가 만료되고 서울로 상경하게 된 것이다. 이원진은 떠나기 전에 두루마기와 버선, 그리고 신을 한 켤레 씩 지급해주면서 추위를 잘 견디라고 격려해주기도 했으며, 또 압수했던 하멜일행의 많은 책들을 돌려주기도 했다. 또한 서울에서 내려 온 통역자 박연으로 하여금 일본으로 보내주지 못해 매우 유감스럽다는 뜻을 전해하기도 했으며, 서울에 가서 일행을 석방시키거나 서울로 상경할 수 있도록 힘을 써줄 것까지도 약속했다. 하멜의 기록에 의하면 이원진은 1654년 1월 초에 제주를 출발한 것으로 되어 있다.

한편, 앞에서 언급한 바와 같이 놀랍고도 운명적인 사실은 만리타향에서 같은 네덜란드인 박연을 조선에서 만나게 되었다는 사실이다. 즉, 하멜일행과의 말이 통하지 않았기 때문에 목사 이원진의 보고에 따라 조정에서는 서양인 박연을 파견하여 조사케 하였다. 당시 박연은 훈련도감에 배속되어 귀화한 중국인이나 항왜들을 이끄는 일종의 외인부대장의 역할을 하고 있었다. 하멜일행과 박연의 만남을 가장 잘 묘사하고 있는 것은 『지영록』의 「서양국표인기」(사진 5)와 『효종실록』인데, 다음에서 이 두 기록을 비교하여 검토하여 당시의 상황을 파악해보겠다. 당시의 목사는 이원진, 판관은 노정, 대정현감은 권극중이다.

계사년 7월 24일 서양국 만인 흰듭얌신 등 64명이 한 배에 동승하여 대정현 지방 차귀진하 대야수 연변에서 부서졌다. 익사자가 26명, 병사자 2명, 생존자가 36명이고, 옷을 입은 것이 검정, 흰색, 빨강의 세 가지 색깔이 서로 섞여있었다. 머리를 모아 서로 맞대고, 웅크려있거나 서기도 하였다. 글로 써서 물으니, 십자(=X자) 셋에 나머지는 여섯을 세고,

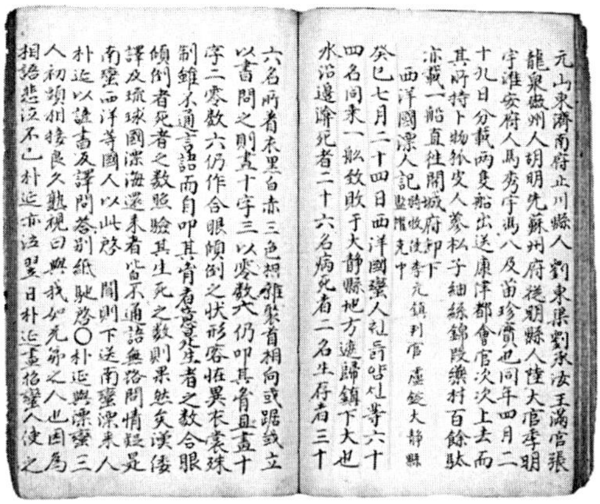

거듭해서 자신의 가슴을 두드렸다. 또, 십자둘에 나머지 여섯을 세고, 거듭해서 눈을 감고 쓰러지는 모습을 만들어 냈다. 생김새가 괴이하고 의상이 다르게 만들어 졌다. 비록 언어는 통하지 않았지만, 스스로 자신의 가슴을 두드린 것은 생존

사진 5. 『지영록』의 「서양국표인기」

자의 수를 뜻하며, 눈을 감고 쓰러진 것은 사망자의 수이다. 그 생사자의 수를 조사해 보니 과연 그러하였다. 한왜역(漢倭譯)과 유구국(琉球國)에 표류했다 돌아온 자 모두가 언어가 통하지 않으니, 사정을 물어볼 길이 없었다. 남만 서양 등의 사람들이라는 의심이 들어 이것을 계문한 즉, 남만의 표래인 박연을 내려 보냈다. 언서로서 문답한 것을 번역하기에 이르러 별지로 치계하였다. 박연과 표만 3인은 첫머리에 서로 만나자 오랫동안 눈여겨 자세히 보다 말하기를 "나와 같은 형제 사람입니다."하였다. 따라서 서로 이야기를 하면서 슬피 눈물을 흘려 마지않았다. 박연 역시 눈물을 흘렸다. 다음 날 박연은 만인들을 모두 불러 자기가 살고 있던 지명을 각각 말하게 하였는데, 모두가 남만 땅에 살고 있었다. 그런데 그 중에 한 어린이가 겨우 13살이고 이름을 너넷고불신이라고 하는 자가 홀로 서양나라 땅에 있을 때, 박연이 살던 근처 사람이었다. 박연이 자기 친족에 대해 물었더니, 대답하기를 살고 있던 집은 부서져 옛 터엔 풀이 가득하고 그의 아저씨는 돌아가셨지만, 다만, 친족은 있다고 하였다. 박연이 더욱 비통함을 이기지 못해 하였다. 박연이 또 묻기를 "너희들의 의복제도가 어찌 옛날과 다른가"하니 답하기를,

"그대가 떠난 뒤 세월이 이미 오래되었고, 의복제도와 범사가 모두 옛날 것이 아닙니다." 하였다. 또 묻기를 "너희들이 가지고 있는 것이 어떤 물건이고 장차 어디로 가려는가" 하니, 대답하기를 "사탕, 후추, 목향 등의 물건을 구해가지고 도안도(타이완)에 가서 사슴가죽을 사다가 중원에 가서 팔고, 그러고는 일본에 가서 장차 목향으로 왜의 물건을 사려고 합니다. 바다 한 가운데서 갑자기 악풍을 만나 표류하다가 이곳에 이르러 부서졌다. 고향을 떠난 지 이미 5년이 되었는데, 고향 땅으로 돌아갈 때가 되었다. 매일 밤 하느님께 빌고 있는데, 만약 정말로 우리들을 살려서 일본에 보내준다면, 곧 우리나라의 상선이 반드시 많이 내박(來泊)해 올 것이다. 때문에 이 편에 살아 돌아갈 수 있을 것이다."고 하였다. 박연이 말하기를, "일본이 시장을 열어 놓은 곳은 오직 나가사키(長崎)뿐이다. 그러나, 교역하는 일은 이전과 달라 타국의 상선이 하륙하는 것을 허락하지 않아 선상에서 서로 거래하는데, 그 나라 사람이라도 타국에 왕래하는 자는 반드시 죽인다. 하물며 너희들 타국인은 어찌하겠는가. 나와 같이 서울로 올라가 도감(都監)의 포수로 입속하는 것만 못하리라. 즉, 옷과 먹을 것에 여유가 있고, 몸이 안전하여 무사할 것이다."고 하였다. 표류한 만인 등이 이 말을 듣고 나서부터 고향 땅으로 돌아가는 것에 절망하고, 자못 함께 일하자는 감언을 믿었다. ○만인들은 먼저 이름을 말하고 그 다음에 성을 말했다. 글자를 쓰려면 세로의 왼쪽에서 오른쪽 방향으로 써갔다. 글자 모양은 마치 언문 같은데, 어찌나 비스듬히 흘려 쓰는지 깨우칠 수가 없었다. 생긴 모양은 눈동자가 파랗고, 콧마루가 높고, 피부는 어린 사람은 희고, 장성한 사람은 황백색이었다. 머리털은 황적색인데 자른 나머지가 앞에는 눈썹까지 드리웠고, 뒤에는 어깨까지 드리웠는데, 간혹 전부 깎은 자도 있었으며, 혹은 구레나룻은 자르고 콧수염은 남겨둔 자도 있었다. 키는 커서 8, 9척이었다. 남에게 예를 할 때는 모자는 벗고 신발도 벗어 양손을 땅에 짚고 길게 꿇어 앉아 머리를 숙였다. 모자는 바로 전립이었다. 소위 그들의 우두머리인 흰닭

얌선이라는 자는 항해사로 날씨를 헤아리고 방위를 분별하는데 능하였다. ○박연이 거느리고 가서 육지로 나갔는데, 호남의 병수영(兵水營)에 분속시키고 인접토록 하여 안주시켰다. 그들 병기인 대·중·소포 등의 물건은 모두 제주목의 무기고에 유치하였다.[10)]

[사료4]

제주목사 이원진이 치계하여 말하기를, "배 한 척이 제주의 남쪽에서 부서져 해안에서 멈추었기에 대정현감 권극중과 판관 노정으로 하여금 병사를 이끌고 가서 보게 하였더니, 어느 나라 사람인지 모르지만, 배가 바다 가운데에서 전복되어 생존자가 38명이며, 말이 통하지 않고 문자 또한 다르다.

---

10) 「西洋國漂人記」, 『地瀛錄』.

時牧使李元鎭判官盧錠大靜縣監權克中

癸巳七月二十四日, 西洋國蠻人힌듥얌신等六十四名, 同乘一船致敗于大靜縣地方遮歸鎭下大也水沿邊, 渰死者二十六名, 病死者二名, 生存者三十六名, 所着衣, 黑白赤三色相雜, 聚首相向, 或踞或立, 以書問之, 則畫十字三'以零數六, 仍叩其胸, 且畫十字二零數六, 仍作合眼傾倒之狀, 形容怪異, 衣裳殊制, 雖不通語, 而自叩其胸者, 意是生者之數, 合眼傾倒者, 死者之數, 照驗其生死之數, 則果然矣, 漢倭譯及琉球國漂海還來者, 皆不通語, 無路問情, 疑是南蠻西洋等國人, 以此啓聞, 則下送南蠻漂來人朴延, 以諺書及譯問答, 別紙颺啓, ○朴延與漂蠻三人, 初頭相接, 良久孰視已, 與我如兄弟之人也, 因爲相語, 悲泣不已, 朴延亦泣, 翌日朴延, 盡招蠻人, 使之各言其所居地名, 則皆居南蠻地, 而其中一童子, 年纔十三, 名曰녀넷고불신者, 獨在西洋國地, 朴延所居近處人也, 延問其族屬, 則答曰, 所居家破, 草滿舊基, 其叔已死, 只有族屬云, 延尤不勝悲痛, 延又問曰, 汝等衣服制度, 何異於古耶, 答曰, 君出來後, 歲月已久, 衣制凡事, 皆非古矣, 延又問, 汝所持何物, 而將向何地耶, 答曰, 持得沙糖胡椒木香等物, 往適安島, 貿得鹿皮, 往賣於中原, 因向日本, 將以木香貿販倭貨矣, 洋中猝遇惡風漂敗至此, 離鄕已五年, 還故故土, 日夜祝天君, 若欲生我等, 送于日本, 則我國商船, 必多來泊, 因此便可以生還矣, 延曰, 日本開市處, 惟長崎, 而交易之事, 異於前日, 他國商船, 不許下陸, 船上互市, 至於其國人, 往來他國者必殺, 況汝等他國人乎, 莫如與我同上京師, 入屬都監砲手, 則衣食有餘, 身安無事也, 漂蠻等, 自聞此言, 絶望還土, 頗信同事之甘言, ○蠻人先言名, 而後言姓, 書字, 則從左向右橫書, 而字樣如諺文, 胡斜未曉, 形容, 則目瞳碧, 鼻準高, 肌膚, 少者白, 壯者黃赤, 頭髮黃赤, 剪餘, 前垂眉, 後垂肩, 或有全削者, 或有剪鬐, 而留髭者, 身長八九尺, 禮人去冠去履, 兩手據地, 長跪而垂頭, 冠卽羊毛氈笠, 所謂居首힌듥얌신者, 技舵工, 能量天日辨方位, ○朴延領去出陸, 分屬湖南兵水營安接, 其兵器大中小砲等物, 皆留置本州武庫.

배 안에는 약재·녹비 따위 물건을 많이 실었는데 목향 94포, 용뇌 4항아리, 녹비가 2만 7천이었다. 파란 눈에 코가 높고 노란 머리에 수염이 짧았는데, 혹 구레나룻은 깎고 콧수염을 남긴 자도 있다. 그 옷은 길어서 넓적다리까지 내려오고 옷자락이 넷으로 갈라졌으며 옷깃 옆과 소매 밑에 다 이어 묶는 끈이 있었으며 바지는 주름이 잡혀 치마 같았다 왜어를 아는 자를 시켜 묻기를 '너희는 서양의 그리스도교인가?' 하니, 다들 '야야(耶耶)' 하였고, 우리나라를 가리켜 물으니 고려라 하고, 본도를 가리켜 물으니 오질도라 하고, 중원을 가리켜 물으니 혹 대명(大明)이라고도 하고 대방(大邦)이라고도 하였으며, 서북을 가리켜 물으니 달단이라 하고, 정동(正東)을 가리켜 물으니 일본이라고도 하고 낭가삭기(郎可朔其)라고도 하였는데, 이어서 가려는 곳을 물으니 낭가삭기라 하였습니다." 하였다. ⓒ이에 조정에서는 서울로 상경시키라고 명하였다. 전에 남만인 박연이라는 자가 보고 "과연 만인이다." 하였으므로 드디어 훈련도감에 편입하였는데, 대개 그 사람들은 화포를 잘 다루었다. 혹은 퉁소를 부는 자가 있었고, 혹은 발을 흔들며 춤을 추는 자가 있었다.[11]

첫째, 박연을 제주로 파견하기 이전의 상황은 다음과 같다.

①『지영록』에서 하멜일행의 표착일은 1653년 7월 24일(구력)임을 확인할 수 있다. 서기로는 1653년 8월16일로 『하멜보고서』의 난파 일자와 일치한다.

②『지영록』에서 그들의 정확한 표착 위치를 비롯한 난파의 피해 상황

---

11) 『孝宗實錄』, 孝宗4년 8월 무진조. "濟州牧使李元鎭馳啓曰, 有舡一隻, 敗於州南, 閣於海岸, 使大靜懸監權克中判官盧錠, 領兵往視之, 則不知何國人, 而船覆海中, 生存者三十八人, 語音不通, 文字亦異, 船中多載藥財鹿皮等物, 木香九十四包, 龍腦四缸, 鹿皮二万七千, 碧眼高鼻, 黃髮短鬚, 或有剪髻留髭者, 其衣則長及髀而四玉, 衿旁袖低, 俱有連紐, 不服則襞積而似裳, 使解倭語者問之曰, 爾是西洋吉利是段者乎, 衆皆曰耶耶, 指我國而問之, 則云高麗, 指本島而問之, 則云吾叱島, 指中原而問之, 則或稱大明, 或稱大邦, 指西北而問之, 則云韃靼, 指正東而問之, 則云日本, 或云郎可朔其, 仍問其所欲往之地, 則云郎可朔其云, 於是, 朝廷命上送于京師, 前來南蠻人朴燕者見之曰, 果是蠻人, 遂編之禁旅, 蓋其人善火炮, 或有以鼻吹籥者, 或有搖足以舞者."

을 알 수 있다. 그러나 이 기록에는 생존자가 36명인데, 『효종실록』에서
는 38명으로 되어 있다. 이것에 대해 『효종실록』의 오기라고 말하는 사
람도 있으나, 사실은 정확한 기술이다. 왜냐하면, 『지영록』의 기록에서
알 수 있는 바와 같이, 표착 직후 사망했으리라 추정되는 2명의 병사자
가 있었기 때문이다.

③표착 당시의 통역 사정과 조정에 대한 보고이다. 서양 이국인들이
제주에 표착해 오자 이들에 대한 조사를 진행시키나, 『지영록』에 보이
는 바와 같이 중국어 · 일본어 통사 및 유구(琉球)에 표류했다가 돌아온
자도 말이 통하지 않아 조사를 진행시킬 수 없었으며, 생김새가 남만인
(서양인)이라는 의심이 들어 조정에 보고를 하여 박연이 파견되고 있다
는 점이다.

둘째, 박연이 제주도에 파견된 이후의 상황과 박연에 의한 하멜일행
의 조사 내용이다.

①우선, 『지영록』에서 박연이 제주도에 파견되어 하멜일행의 3명과
대면한 후, 그들이 같은 네덜란드인이라는 것이 확인되었다. 참고로 『하
멜보고서』에도 박연과 하멜일행이 대면한 모습이 기록되어 있는데, 그
것에 의하면 박연이 하멜일행과 대면한 시기는 1653년 10월 29일이다.

②박연을 통해서 하멜일행에 대한 조사가 시작된 것은 『지영록』에 보
이는 기록, 즉 "다음 날 박연은 만인들을 모두 불러 자기가 살고 있던 지
명을 각각 말하게 하였는데, 모두가 남만 땅에 살고 있었다."라는 기술
로 알 수 있듯이 박연과 하멜일행이 처음으로 대면한 다음 날인 10월 30
일었다. 이 조사에 의해 전원이 네덜란드인이라는 것이 확인되었다. 그
런데, 일행 중에 불과 13세의 너넷고불신(Denijs Govertszen)이라는 아
이는 네덜란드에서 박연이 거주하고 있던 곳의 가까운 곳에 살았기 때
문에 박연은 자신의 친족에 대해서 물었다. 그러나 집은 부서졌으며, 아
저씨는 이미 사망하였고, 다만 친족만이 살아있다는 소식을 듣고 비통
해 했다는 것이다. 이국에서 친족의 소식을 들었던 박연의 안쓰러운 마

음과 슬픔이 전해지는 대목이다.

③『지영록』의 기록으로 하멜일행은 사탕·후추·목향 등을 가지고 도안도(道安島, 타이완)에 가서 그곳에서 녹피를 구입해 중국에다 팔고 있으며, 후에는 일본에 가서 목향으로 왜화(倭貨, 일본 은)를 교환하는 장사를 할 예정이었는데, 도중 악풍에 만나 조선에 표착하였다는 경위가 밝혀졌다. 다시 말하면 하멜일행은 동아시아 해역에서 중개무역을 하고 있었으며, 일본으로 향하던 도중에 표착한 것을 조선도 알게 되었던 것이다.

셋째, 박연이 파견 된 후 하멜일행과의 사이에 벌어진 하멜일행의 송환 교섭내용과 일행에 대한 서울이송 결정이다.

①『지영록』의 기록으로부터 박연과 하멜일행의 대면하면서 송환교섭에 대한 재미있는 대화 내용을 발견할 수 있다. 즉, 하멜일행이 자신들을 살려서 일본에 보내주면, 곧 네덜란드의 많은 상선이 조선에 올 것이기 때문에 박연도 그 편에 돌아갈 수 있을 것이라고, 일본으로의 송환 요청을 한 것이다. 그러나 박연은 단호했다. 그는 일본에 열린 곳은 나가사키(長崎)뿐이며, 교역이 전과 달라 타국의 상선이 하륙하는 것을 금지하고, 자국인이라도 타국과 왕래하는 자는 죽인다고 하며 적극적으로 하멜일행의 송환 요청을 만류하고 있다. 뿐만 아니라, 자신과 함께 서울로 올라가 훈련도감의 포수로 입속하여 의식에 걱정 없이 몸을 안전하게 하느니만 못하다고 하며 그들을 오히려 감언으로 회유하였다. 박연이 조선에 표착한 후 조선 정부에 의해 후한 대접을 받고 있었다는 것을 추측하게 하는 부분인데, 아무튼 하멜일행은 박연의 이러한 회유에 어쩔 수 없이 동의할 수밖에 없었다. 박연은 이미 조선인으로서, 또 조선의 관리로서 서양 이국인에 대한 표착 처리를 행하고 있었다는 점이 더더욱 박연에 대한 흥미를 불러일으킨다. 이러한 박연의 태도에 대해 하멜의 그의 보고서에서 "통역을 구했다는 우리의 기쁨은 곧 슬픔으로 바뀌었다."고 자신들의 신세를 한탄하고 있었다.

②하멜일행에 대한 서울로의 이송 결정에 대한 부분이다. 박연을 통해서 심문한 내용들은 조정에 보고되어 그들의 처리에 대한 조정의 지시를 기다리게 되었다. 『효종실록』에는 서울 상경을 명하고 있는데, 잘못 이해를 할 경우, 박연을 파견할 때, 서울로의 이송을 지시한 듯이 보인다. 그러나 실제는 박연을 제주에 파견하고 하멜일행에 관한 조사보고를 기다렸다가 서울로의 이송을 명령한 것이다. 『하멜보고서』에는 박연이 그들에 대해 심문하고 그 상세한 내용이 신중하게 작성되어 조정에 보고되고 있었다고 기록하고 있으며, 1654년 5월말에 국왕의 답서를 기다려 서울로의 이송이 결정되었다고 기록되어 있기 때문이다.

한편, 박연을 만남 후 목사 이원진 대신에 새로 제주목사 소동도(蘇東道)가 부임하는데, 그 이후 하멜일행에 대한 대우는 그야말로 혹독 그 자체였다. 부임하자마자 일행의 부식물을 모두 압수했으며, 그로 인해 밥과 소금으로 끼니를 해결해야만 했다. 이원진 목사가 제주를 떠난 후부터는 쌀 대신에 보리가, 밀가루 대신에 보릿가루가 지급되었고, 부식은 아예 지급도 되지 않았다. 이러한 상황이 그들을 공포감에 사로잡게 하였고, 결국에는 6명이 이전부터 눈여겨 두었던 배를 훔쳐 도망칠 계획을 세워두기도 했다.

1654년 4월 말에 탈출할 기회를 얻었으나, 개가 짖었기 때문에 경비가 삼엄해져 포기할 수밖에 없었다. 그런데, 5월 초에 다시 기회가 찾아와 아무도 없는 배에 6명이 올라타 도망을 치게 되었다. 그러나 돛대가 부러져 해안가로 밀려오게 되었고, 그들을 추격해 온 2척의 배가 그들에게 접근하자 그들에게 돌격하여 승선했던 조선인들을 배 밖으로 던져버리고 다시 출항하려고 했다. 하지만, 이 역시 성공할 수 없었다. 왜냐하면 배에 물이 차서 더 이상은 항해를 할 수 없었기 때문이다. 어쩔 수 없이 체포된 그들은 공모자들을 색출하기 위해 엄격한 심문을 받게 되었고, 탈주자들은 곤장 25대씩을 맞아 한 달 정도 자리에서 일어날 수가 없을 정도였다.

드디어 하멜일행이 기다리던 국왕의 명령서가 1954년 5월 말에 도착했는데, 그 명령은 서울로의 상경이었다. 다른 한편으로는 비참한 제주도에서의 생활을 끝낼 수 있어 기쁘기도 했다고 하멜은 전하고 있다. 6~7일 후에 4척의 선박에 나누어 승선했는데, 양 발목과 한 손에는 자물쇠가 채워진 채였다. 왜냐하면 감시가 소홀한 틈을 타 있을지도 모를 탈출을 막기 위해서였다. 이틀간 그런 식으로 승선해 있었으나 날씨가 좋지 않아 숙소로 다시 되돌아 온 후, 4~5일이 지난 후에야 다시 출발 할 수 있었다. 결국 하멜일행이 제주도를 출발한 것은 1954년 6월 초의 일이었다.

V. 맺음말

하멜일행이 제주도를 출발한 것은 1954년 6월 초순으로 그들을 서울로 상경시킨 첫 번째의 이유는 제주도에 기근이 들어 하멜일행을 구제하기 위한 조치의 일환이었다.[12] 물론, 서울에 도착한 후 그들은 군사력 강화의 일환으로 훈련도감에 배속되고 있었기는 하지만, 초기단계에서 그들에게 표류민 구제조치의 일환으로서 상경시키고 있다는 것은 조선의 인도주의적인 이국인 처리방법으로서 중요한 의미를 가진다.

아무튼 일행은 제주를 출발해 해남→영암(1명 사망)→나주→장성→입안산성→정읍→태인→금구→전주→여산→은진→연산→공주→경기도를 거쳐 최종적으로 한강을 건너 서울에 도착하였다. 이들 35명이 서울에 도착한 것은 6월 하순 무렵이었고, 일단은 사역원(司譯院)에 거처

---

12) 『備邊司謄錄』, 효종 5년 2월 24일조.

를 정한 후, 급료를 지급하는 것이 결정되었으며,[13] 차후에 훈련도감에
배속되었다. 이후의 일에 대해서는 널리 알려진 바와 같이 서울에서의
탈출사건으로 인해 전라도에 분치(分置)되었다가 1666년 하멜을 포함
한 8명이 일본으로 탈출하게 되면서, 조선에 남아있던 동료 7명이 일본
으로 송환되어 총 15명이 본국으로 귀국하게 된다. 36명이 조선에 표착
해 15명만이 생존하여 네덜란드로 돌아간 것이다. 이 사건은 『하멜보고
서』가 1668년에 출판되면서 널리 알려지게 되었고, 조선을 서유럽 세계
에 알리는데 가장 큰 영향을 끼쳤다고 할 수 있다.

다만, 본고에서는 하멜과 제주의 관련성에 대해서 한정하고 있기 때
문에 하멜일행과 관련된 전 과정과 역사적 의미에 대해서는 생략하고,
간단하게나마 제주와의 관련성에서 두 가지 점을 피력해보고 본고를 마
치고 싶다.

첫째, 제주도는 한국과 네덜란드와의 관계를 대표하는 가장 중요한
지역으로서 한국의 대외적 관문인 동시에 서양관계의 선구적 출발지라
는 것이다. 특히, 제주에 표착한 네덜란드인 박연일행 3명과 하멜일행
36명이 가지고 있는 의미는 전근대 한국과 서양관계 속에서도 중요한
의미를 가지고 있다. 그것은 하멜일행이 본국으로 귀국한 후, 네덜란드
동인도연합회사(VOC)에서는 조선과의 직무역을 계획하여 코레아호
(Corea)[14]라는 조선무역 전담선까지 건조하여 조선으로의 진출을 계획
하고 있었기 때문이다. 이 코레아호가 조선에 도착하여 조선과의 무역

---

13) 『備邊司謄錄』, 효종 5년 5월 12일조.
14) 코레아호는 1669년 5월 20일에 네덜란드의 웰링헨(Wiehngen)을 출항해 케이프 로페즈
를 거친 후, 1669년 12월 10일에 희망봉인 게이프 타운에 도착하였으며, 1670년 4월 2일
에 바타비아에 도착한 것으로 되어있다(J.R.Bruijn, G.S.Gaastra and I. Schoffer with
assisyance of E.S. van Eyck van Heslinga, RIJKS GESCHIEDKUNDIG PUBLICATIËN 166,
"DUTC-ASIATIC SHIPPING IN THE 17th AND 18th CENTURIES", volumeII, The Hague
Martinus Nijhoff 1979. pp.164~165.).

을 시작한 흔적은 없지만, 코레아호의 역사가 제주도에서 출발하고 있다는 것은 한국사에서도 재평가해야할 부분이기도 하다.

둘째, 역사도시로서 관광사업도 중요하지만, 보다 실증적인 역사 고증에 의한 역사테마 도시를 만들 필요가 있다는 점이다. 최근 국내에서는 하멜일행의 표착과 조선에서의 생활을 테마로 역사관광지가 여러 곳에서 만들어지고 있다. 하멜일행이 전라도로 유배되었던 강진에는 전라병영성 복원과 하멜기념관을 비롯해, 하멜동상 등이 세워지고 있고, 여수에서는 하멜 등대를 비롯해 각종 관련 사업을 진행 중이다. 그러나 실질적 고증이 이루어지지 않은 채 사업이 추진되다 보니 안내판의 설명문에서 조차 오탈자와 잘못된 설명문이 곳곳에 눈에 띠고 있다. 제주도의 경우, 이전부터 다방면에 걸쳐 실증적 고증에 의해 역사테마를 중심으로 한 관광사업에 노력해왔었고, 이것은 제주도의 발전을 위해서도 대단히 긍정적인 측면이라고 생각한다. 그러나 하멜일행과 관련해서는 다소 왜곡된 측면이 없지 않아 있다. 예를 들면, 전술한 바와 같이 하멜상선 전시관의 하멜상선 자체가 하멜이 승선했던 스페르붸르호가 아닌 바타비아호를 모형으로 했고, 또한 하멜상선이 위치한 용머리 해안가는 하멜일행이 표착한 장소가 아님에도 불구하고 표착지임을 강조하는 모형물이 전시관에 제작되어 있다. 이는 지역 관광사업 진흥과 지역발전을 빌미로 역사적 사실을 왜곡하는 지역 행정단체의 그릇된 과오라고 평가할 수밖에 없다. 외국의 한국사 왜곡에 대해서는 심각한 우려를 표명하면서도 왜, 우리들 스스로의 역사 왜곡에 대해서는 관대한지 반성할 필요가 있지 않을까 생각되는 부분이다. 일개 외국인의 표착지가 뭐 그리 대수냐 하겠지만, 이러한 역사적 사실 하나 하나가 총체적으로 모여 제주사를, 나아가서는 한국사 및 네덜란드와의 관계사를, 또 세계사를 이루는 토대가 되는 것이다.

한국의 역사와 문화 그리고 제주

한국 도자의 대외교류와 제주

김영원 국립문화재연구소장

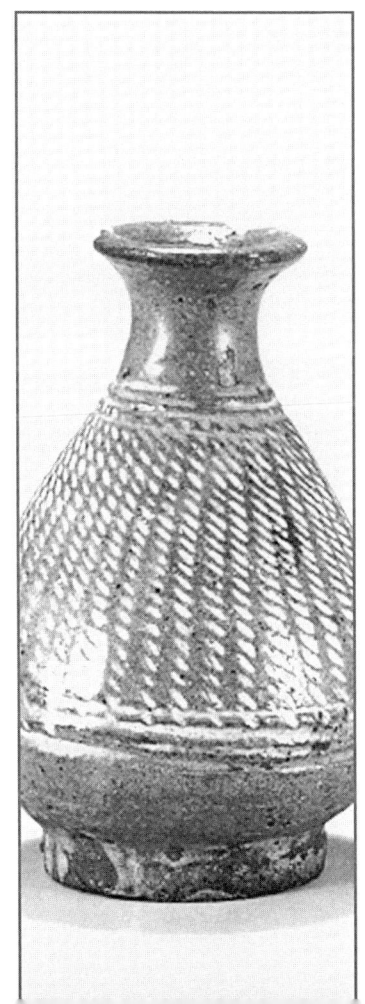

▲ 분청사기인화문소병, 목관아지 출토

한국 도자의 대외교류와 제주

I. 머리말

고대로부터 동아시아에서는 도자기의 교류가 활발했다. 중국은 당대 (唐代)부터 외국으로 수출하기 위한 무역자기를 대량 생산했고, 한국 역시 중국과 일본으로 도자기 수출이 활발했다.

도자기 수출은 주로 해로를 통해 이루어졌다. 그러므로 한반도 서남 해역에서는 수요처로 운반되지 못하고 중도에 침몰한 배에서 수많은 도자기가 오늘날까지 지속적으로 발굴되고 있다. 해저에서 발굴된 도자기의 양과 종류를 보면, 당시 한반도 주변 해역에서 국가간 해양교류가 얼마나 대규모로 이루어졌으며, 각국에서 선호한 도자기의 종류와 양식이 어떤 것이었는지 구체적으로 파악할 수 있다.

이 외에 정상적으로 수요처에 도달한 도자기들도 여러 유적에서 다량 출토되고 있다. 반면 한국의 도자기는 중국에 수출되어 매우 귀중한 물건으로 취급받았다. 아울러 일본에도 수출되었는데, 일본 도자기에 집중적인 영향을 끼친 때는 14세기 말부터 17세기까지의 조선 도자기이다.

기원전 15~16세기 상대(商代)부터 고화도 자기를 개발한 중국이 세계 도자사에 끼친 영향은 매우 컸다. 이에 비해 한국 도자기는 주로 중국, 일본에 수출되는 정도에 그쳤으나, 그 가치와 위상은 매우 특별했다.

이 글에서는 한국 도자기의 대외교류가 가장 활발했던 고려, 조선시

대를 중심으로 먼저 개관하고, 그런 역사적 환경 속에서 제주 도자기의
주 수요처와 사용된 도자기의 종류, 그리고 도자 양식과 가치 등을 검토
하겠다. 이를 통해 제주와 중앙 관청, 그리고 생산지와의 관련성에 대한
일면을 조명하기로 한다.

II. 한국 도자의 대외교류

1. 한국 도자의 중국 수출

한국 도자기는 초기에 중국 도자기의 영향을 받았으나, 곧 독특한 양
식을 갖추었다. 고려 청자는 중국에 다량 수출되어 문헌기록에도 세련
된 고려 청자에 대해 수차에 걸쳐 언급되고 있다. 색깔이 푸른 옥 같고
형태가 아름답기 때문에 중국에서도 선호의 대상이었기 때문이다. 중국
에 소개된 고려 청자를 보기로 하자. 북송대 『송은집(松隱集)』에 고려 향
로를 '고려로(高麗爐)' 라고 하여 귀한 선물로서 주고받은 사례가 적혀
있고, 남송대 태평노인(太平老人)의 『수중금(袖中錦)』에는 고려 청자의
비색이 천하제일이라고 꼽았다. 또 원말명초 조소(曹昭)의 『격고요론
(格古要論)』에도 고려 청자를 고려의 독특한 도자기로 설명하고 있다.

이 외에도 고려 청자는 왕실 간의 조공품으로, 또 특산품으로 송에 수
출되었다. 고려 청자에 대해선 송대 서긍의 『선화봉사고려도경(宣和奉
使高麗圖經)』과 명대 『경덕진도록(景德鎭陶錄)』 등에 소개되어 있다.
이런 책에선 고려 청자를 중국의 월주요, 용천요, 여요의 청자와 비교하
면서 품평한 내용이 전해온다.

중국의 문헌에 소개된 고려 청자는 중국의 여러 유적에서도 출토되었
다. 만주와 요녕성 일대를 비롯해서 절강성 항주와 강소성 양주 등지에
서도 고려 청자가 출토되었다. 출토된 청자는 대접, 완, 접시, 베개, 잔,

합, 매병, 항아리 등으로 종류가 다양하다. 현재 북경고궁박물원, 상해박물관 등 중국의 각 박물관에 알려진 고려 청자 소장품도 수 점에 이른다.

또한 조선 도자의 경우 문헌을 통해 중국에 수출된 상황을 파악할 수 있다. 세종 5년(1423), 7년(1425), 11년(1429)에 명 홍희제를 비롯한 명 사신들이 조선 백자를 요구했고, 귀국할 때 많은 물품과 함께 조선 백자를 가지고 갔다.[1] 이는 조선 백자의 품질이 우수했기 때문에 가능한 일이었다.

특히 세종 7년(1425) 명사(明使) 윤봉(尹鳳)이 인종(仁宗) 홍희제(洪熙帝)의 성지에 따라 조선 왕실에 十卓分의 사기를 요구한 사실이 주목된다.[2] 명 홍희제는 '대 · 중 · 소 완 각 1개, 대 · 중 · 소 접시 각 5개, 대 · 중 · 소 장군 10개를 1탁분으로 하여 10탁분의 사기를 만들어 바치라' 고 요구했고, 이를 조선 왕실에서는 광주목사(廣州牧使)에게 전하여 백자를 정교하게 구워 바치도록 했다. 이는 광주목사에게 명하여 왕실의 조공용 백자를 경기도 광주의 가마에서 특별히 번조[別燔]한 것이다. 특히 조선인 출신으로 명의 사신으로 조선에 왔던 윤봉은 많은 사기와 잡물(雜物)을 가져갈 궤짝 25개를 요구했다.[3] 이런 세종연간의 기록에서 알 수 있듯이 당시의 조선 백자는 그 정교함이 중국 황제에까지 알려졌다.

중국 황제가 요구한 것 외에도 명의 사신들은 조선 자기를 다량 가지고 갔다. 세종 11년(1429) 1월에는 명 사신 김만(金滿)이 大小 자기 120개와 자주기(磁酒器) 6개를, 7월에는 다시 윤봉이 채문자발(彩文磁鉢 : 문양이 장식된 백자인듯) 10벌과 자완 20벌 … 등을 요구하여 물품운반 궤짝이 200여 개에 달했다고 한다.[4] 이처럼 세종 초 1420년대 조선 백

1)『世宗實錄』卷 21 世宗 5年 8月 丙子; 卷 27 世宗 7年 2月 乙卯; 卷 45 世宗 11年 7月 庚申.
2)『世宗實錄』卷 27 世宗 7年 2月 乙卯.
3)『世宗實錄』卷 27 世宗 7年 2月 甲子.

자는, 왕의 전용품만이 아니라 중국에 조공품으로, 또 사신 접대용으로 사용되었다. 세종이 돌아간 문종 즉위년(1450) 8월 조선에 온 중국 명의 두 사신에게도 백자종(白磁鍾) 20개씩을 주었다.[5]

그런데 세조 13년(1467. 4.) 이후 예종 초(1468. 12.) 광주에 분원 관요가 설치되어 성종연간부터 본격적으로 왕실자기로 분원 관요 백자가 공식적으로 사용되었다.[6] 이후 조선의 백자가 중국에 수출된 상황은 문헌 기록으로는 잘 파악되지 않고 있다. 다만 위법임에도 중국 자기를 밀수하여 호사를 부린 사례에 대한 기록들은 전해온다.[7] 이 같은 문헌 기록을 통해 보면, 한국 도자기는 고려 청자와 조선 백자 모두 중국에서 귀한 물건으로 인식되고 거래되었음을 파악할 수 있다.

2. 한국 도자의 일본 수출

한국과 일본의 도자 교류사는 한중 교류사 못지않게 오랜 역사를 가지고 있다. 멀리는 5세기경 삼국시대의 경질 토기가 일본 경질 토기의 발생에 결정적 영향을 끼친 것을 들 수 있다.

그 후 고려 청자와 조선의 분청사기와 백자는 일본에서 선종 계통의 다도 정신이 성행하면서 소박하고 자연주의적인 친근감으로 인해 '고려다완(高麗茶碗)'이라는 이름으로 널리 애용되었다. 고려다완은 일본인의 일상생활이나 의례에 없어서는 안 될 매우 중요한 찻잔이었다. 이런 상황이므로 일본은 한국 도자기를 더욱 확보하려 했다. 그 결과 임진왜란을 '도자기 전쟁'이라고 부를 정도로 전쟁 당시 조선의 도자기를

---

4) 『世宗實錄』 卷 45 世宗 11年 7月 庚申.
5) 『文宗實錄』 卷 3 文宗 卽位年 8月 丙申 ; 卷 5 文宗 卽位年 12月 戊戌.
6) 김영원, 『조선시대 도자기』, 서울대학교출판부, 2003.
7) 『成宗實錄』 卷 55 成宗 6年 5月 庚申 ; 『成宗實錄』 卷 77 成宗 8年 閏 2月 戊申.

대량 가져갔다. 또한 조선의 사기장인들을 납치하여 요업에 종사시킴으로써 일본에서 조선식 도자기를 자체 생산하려고 부단히 노력을 기울였다. 임진왜란 이후에는 일본의 요청으로 1639년 부산요를 세워 도자기를 제작하여 일본에 수출했다.

사진 1. 분청사기인화문대접, 15~17세기, 일본 사카이칸고도 시유적 출토

일본에 수출된 고려와 조선의 도자기는 전국적으로 많은 유적에서 출토되고 있다. 특히 일본이 조선과 중국 명과의 교

사진 2. 청자상감학문완(쿄겐바카마), 16세기, 에가와미술관(穎川美術館)

역 중심지인 큐슈 북쪽의 하카타(博多), 혼슈 서부의 야마구치(山口), 오오사카 지방의 사카이(堺), 오오사카 성 유적 등 주로 일본의 서쪽 지역에서는 유난히 조선 도자기가 다량 출토되고 있다(사진 1).

일본에서 애용된 고려다완은 한국의 식기류이다. 조선시대에 한국에서 흔히 사용한 발, 대접, 완, 내저면이 깊은 접시, 통형 잔 등 일상생활용 식기류가 일본에서 다완으로 전용된 것이다. ‘고려다완’ 가운데에도 특히 투박하고 거친 도자기가 일본에서 더욱 선호되었다. 이는 불교의 선(禪) 사상을 기초로 한 소박하고 자연주의를 추구하는 일본 다도의 개념에 부합되기 때문이다.

일본에서 애용되고 있는 고려다완이 한국 도자에 기원을 두고 있다는 점은 몇 가지 예를 통해서도 분명하게 파악된다. 예를 들면, 운가쿠(雲鶴)는 고려 청자 모방하여 구름, 학 등 상감청자의 문양 요소를 차용했다(사진 2). 또 미시마(三島), 호리미시마(彫三島), 하케메(刷毛目), 고히키(粉引) 등은 조선 분청사기와 백자를 그대로 수입하여 사용하거나 모방했다.

3. 한국에 수출된 중국 도자

고대부터 있었던 한국과 중국의 도자 교류는 양국 유적에서 출토된 도자기를 통해 확인할 수 있다.[8] 특히 한국에 전해진 중국 도자기는 삼국시대부터 조선시대까지의 여러 유적에서 출토되고 있다.[9] 중국 오(吳)의 흑갈유 도기가 풍납토성에서 발굴된 것을 시작으로 고구려와 백제 지역에서 漢代 저화도 녹유(綠釉)와 육조시대 청자, 백자, 흑유(黑釉) 등 고화도 자기가 출토되었다. 통일신라시대에는 익산 미륵사지와 경주 황룡사지, 안압지 등의 유적을 중심으로 당(618~907), 오대(907~960)의 월주요(越州窯) 청자, 형주요(邢州窯) · 정요(定窯) 백자, 흑유, 성당

---

8) 金库基, 「中世貿易形態 小考」, 『韓國과 中國 -東亞史論集-』, 知識産業社, 1979 ; 申瀅植, 「韓國古代의 西海交涉史」, 『國史館論叢』 2, 國史編纂委員會, 1989 ; 權惠永, 『古代韓中外交史』, 一潮閣, 1997.

9) 김영원, 「百濟時代 中國陶磁의 輸入과 倣製」, 『百濟文化』 27, 公州大學校 百濟文化研究所, 1998 ; 「統一新羅時代 韓中交易과 磁器의 出現」, 『장보고와 21세기』, 도서출판 혜안, 1998 ; 「統一新羅時代 鉛釉의 發達과 磁器의 出現」, 『美術資料』 62, 국립중앙박물관, 1999 ; 「한국 유적 출토의 중국 도자기」, 『東北亞陶磁交流展』, 세계도자엑스포2001경기도, 2001. 8 ; 「해저에서 인양된 고려 · 조선시대 무역자기」, 『항해와 표류의 역사』, 솔, 2003 ; 「韓半島 出土 中國 陶磁」, 『우리 문화 속의 中國 陶磁器』, 國立大邱博物館, 2004 ; 成正鏞, 「百濟와 中國의 貿易陶磁」, 『百濟研究』 38, 2003.

기(盛唐期)의 당삼채 등이 다량 출토되고 있다.

고려에는 양국의 교류가 더욱 빈번해져서 중국 송(宋) 자기가 다양하게 수입되었다.[10] 국립중앙박물관 소장품 가운데에도 고려시대에 수입된 중국 오대·송·원의 자기가 대다수를 차지하여 이만 여점에 달한다. 이 도자기들은 하북성(河北省) 정요, 자주요(磁州窯), 형주요(邢州窯), 하남성(河南省) 여요(汝窯), 섬서성(陝西省) 요주요(耀州窯), 절강성(浙江省) 월주요와 용천요(龍泉窯), 강서성(江西省) 경덕진요(景德鎭窯)와 길주요(吉州窯) 등 당시의 대표적인 가마에서 제작한 것들로 대체로 북송의 무역자기이다. 북송 자기에 집중된 이유는, 남송 시기에 고려는 이미 우수한 청자 - 비색청자와 상형청자, 그리고 상감청자 등 - 이 대량 생산되어 중국 자기를 수입할 필요가 크게 줄었기 때문이다.

조선시대에는 중국 자기에 대한 문헌 기록도 많고 여러 유적 출토품도 전대에 비해 풍부한 편이다. 조선 초에는 주로 왕실로 중국 자기가 전해졌는데, 문헌에는 세종이 즉위한 해(1418)에 유구(琉球)와 세종 5년(1423) 일본에서 진상한 청화백자가 소개되고 있다.[11] 세종 12년(1430) 7월 명 선덕제(宣德帝)가 전해준 청화운룡백자주해(靑花雲龍白磁酒海) 3점과 같은 청화백자에 대한 기록이 있다.[12] 이후 중국에서 청화백자의 제작 부진으로 수입이 뜸하다가 다시 청화백자가 유입된 것은 문종이 즉위한 해(1450)로 명 사신 정선(鄭善), 윤봉(尹鳳) 등에 의해서이다.[13]

중국 자기는 조선 초 태조가 머물렀던 경기도 양주 회암사에서도 출토되었다. 이곳에서는 중국 명의 연호가 적힌 '成化' 명 청화백자완편이 출토되었다(사진 3). 이 청화백자는 회암사가 왕실사찰이었기 때문에 그

---

10) 『世宗實錄』卷 1 世宗 卽位年 8月 辛卯 ; 卷 19 世宗 5年 正月 庚戌 ; 卷 49 世宗 12年 7月 乙卯.
11) 『世宗實錄』卷 1 世宗 卽位年 8月 辛卯 ; 卷 19 世宗 5年 正月 庚戌.
12) 『世宗實錄』卷 49 世宗 12年 7月 乙卯.
13) 『文宗實錄』卷 3 文宗 卽位年 8月 丙申.

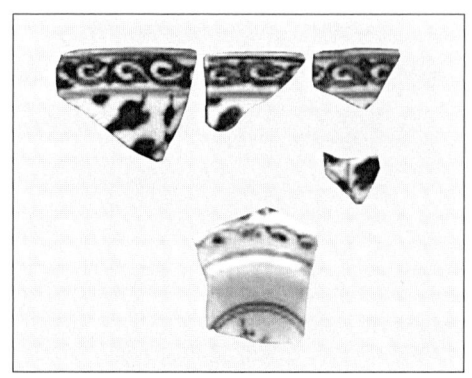

사진 3. '성화' 명(추정) 백제청화당초문완편, 중국 명,
양주 회암사지 출토

곳까지 운반되고 사용된 것
이다.

조선 초에는 중국 자기
가 사치품이라는 의식이
만연했다. 그런데 청화백
자의 사용이 왕실로 제한
되자 부유한 집에서는 화
려한 중국 자기를 수입, 사
용했다. 『성종실록』 기록
에 의하면, 성종 6년(1475)

사대부 집에서는 위법임에도 불구하고 중국 화기畵器[靑華白磁]를 수입
하여 널리 사용한다고 했다.[14] 일반 백성이라도 부유층은 밀무역이나
사무역으로 들어 온 화려한 중국 자기를 애용하며 호사스러운 생활을
했던 것이다.

이후 18세기부터는 중국 청화백자의 수입이 늘었다. 이 때 수입된 중
국 명, 청대의 자기는 청화백자 외에도 다채자기(多彩磁器)가 많았으며,
국립궁중유물전시관에 소장품에도 조선 말 수입한 19세기 말 20세기 초
의 중국 청대 다채자기가 다수에 이른다.[15]

14) 『成宗實錄』 卷 55 成宗 6年 5月 庚申 ; 卷 77 成宗 8年 閏 2月 戊申.
15) 『오얏꽃 황실생활유물』, 궁중유물전시관, 1997.

Ⅲ. 제주의 도자 교류

지금까지 한반도를 중심으로 한 도자의 대외교류 상황을 살펴보았다. 그렇다면 고려, 조선시대에 제주를 중심으로 한 도자의 교류를 파악하여 이를 통한 제주 역사의 일면을 조명해 보도록 하겠다.[16]

1. 관아지 및 항파두성 출토 도자기

1) 목관아지 출토 도자기

제주를 대표하는 목관아지에서는 고려와 조선시대에 속하는 유구는 발견되지 않았다. 그러나 고려 청자와 조선시대의 분청사기, 백자, 기와 등이 출토되었으므로 목관아지에서 사용한 자기의 종류와 그 수준을 파악할 수 있다.

목관아지에서 출토된 고려 청

사진 4. 청자 및 분청인화문편

---

16) 제주대학교박물관, 『법화사지추정연지 발굴조사 보고서』, 1991. 『제주목관아지 발굴조사 보고서』, 1992 ; 『법화사지 발굴조사 보고서』, 1992 ; 『존자암지』, 1993 ; 『제주목관아지』, 1993 ; 『정의현객사지』, 1995 ; 『존자암지』, 1996 ; 『탐라성주 고봉례묘 추정지 발굴조사 보고서』, 1996 ; 『법화사지』, 1997 ; 『제주목관아지』, 1998 ; 『수정사지』, 2000 ; 현문필, 「제주지역의 고려ㆍ조선시대 유적의 발굴조사 성과와 과제 -2000년 이후 조사성과를 중심으로-」, 『섬, 흙, 기억의 고리 -지난 10년간의 발굴기록-』, 국립제주박물관, 2009, pp.178~188.

사진 5. 분청사기인화문소병, 목관아지 출토

사진 6. 분청사기철화문병편, 목관아지 출토

사진 7. 내섬명분청사기인화문굽편, 조선, 15
세기 전반, 목관아지 출토

자는 대접, 접시, 화형접시, 화형잔, 탁잔, 뚜껑, 이형병, 매병 저부편, 해무리굽완편 등이다. 시기와 문양은 비교적 다양하여, 흑백상감화절지문, 상감포류수금문, 상감당초문, 상감뇌문, 이 중원 안에 인화화문, 인화국문, 인화운문과 상감학문, 인화여의두문 등이 보인다. 이들 청자의 주 제작 시기는 13~14세기이다.

그리고 고려 말에서 조선 극초까지의 과도기에 속하는 인화분청편들도 목관아지에서 출토되었다. 이 가운데에는 고려 말 청자의 양식을 계승한 것도 있어 제주 목관아에서는 고려 말 조선 초의 왕조 교체기에도 도자기 사용이 지속되었음을 짐작케 해준다(사진 4).

분청사기는 상감분청, 인화분청, 조화박지분청, 귀얄분청, 분장분청, 철화분청 등으로 15세기 초의 인화문부터 15세기 말~16세기 초의 백토가 짙고 퇴락한 인화문, 귀얄문, 그리고 분장문 등 각 종류를 망라한다. 주된 기종은 대접이나 접시, 병 등이다.

인화분청 가운데에는 조선 초에 제작된 분청인화우점문소병이 있고 (사진 5), 또 광주 무등산 충효동 가마터 출토품과 동일한 양식의 분청인화문대접편이 있어 주목된다. 이 인화분청 대접편은 절정기 양식으로 15세기 중후반에 제작된 것이다. 목관아지 출토 철화분청은 비록 작은 파편이지만, 공주 계룡산 학봉리 가마터 출토 철화분청의 양식과 같아서 그 곳에서 제작하여 제주 목관아로 운반한 것으로 판단된다(사진 6).

분청사기의 명문으로는 '內贍'을 도장으로 찍은 것이 여러 점 있다 (사진 7). 내섬시의 '내섬'인데, 내섬시는 조선시대 궁궐에 토산물, 술, 음식 등을 바치는 일을 담당한 관청으로 호조에 속한다. 태종연간 덕천고(태조1년 : 1392~태종 3년 : 1403)에서 내섬시로 개명했기 때문에 내섬시 명문의 도자기는 태종 3년(1403) 이후의 연대를 갖는다. '내섬' 명은 충청도, 전라도, 경상도 지역의 분청사기 가마터에서 흔히 발견된다.

목관아지 출토 백자는 15~16세기의 조선 전기부터 일제시대에 속하는 것들이 망라된다. 주된 기종은 대접, 접시이며 17세기 이후 생산된 다리가 각진 제기 형식도 발견되었다. 전형적인 조선 전기의 백자 접시에는 '大男'이라는 명문이 새겨졌는데, 넓은 내저원 중앙에 자리 잡고 있다(사진 8). 이 외에도 백자에는 '大海', '海', '別', '上', '天', '亭' 등의 글자가 새겨진 예가 있다. 글자를 새긴 수법은 뾰족한 도구로 점을 찍듯이 촘촘히 쪼고 음각한 정각(釘刻) 수법이 대부분이다. '천'은 경기도 광주 분원 관요에서 地, 玄, 黃 과 마

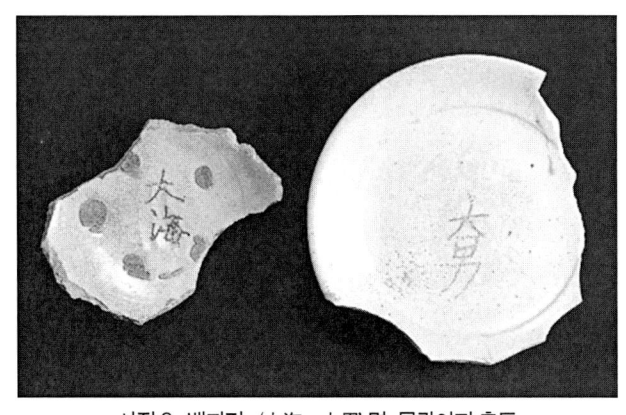

사진 8. 백자편, '大海·大男' 명, 목관아지 출토

찬가지로 15세기 궁궐자기에서 흔히 발견되는 명문이다. 목관아지 출토 '천' 명 백자는 분원 제품으로 중앙 관청에서 제주 목관아에 운반된 것이다.

대부분의 명문들은 다른 지역에서 출토한 백자에서도 간혹 발견된다. 그런데 '대해'·'대남'·'해'와 같은 명문은 제주에서만 발견되기 때문에 주목할 필요가 있다. 또한 '막개'라는 한글 명문도 다른 곳에서는 발견되지 않는다. '막개', 이 두 글자가 백자 굽편의 내저원 중앙에 정각되어 있다. 백자의 받침은 모래 받침과 태토비짐눈, 그리고 굵은 모래나 흙으로, 다른 지역의 백자와 같은 양상을 보인다.

이와 같이 제주 목관아지에서는 10세기경의 초기 고려 청자에서부터 고려 말에서 조선 극초까지의 과도기에 속하는 인화분청편이 출토되었다. 이어 조선 초기와 절정기의 분청사기, 쇠퇴기의 철화분청과 분장분청 등 각종 분청사기, 그리고 조선시대의 백자들이 출토되었다. 특이한 것은, 조선 백자는 주로 무문의 순백자라는 점이다. 이런 출토 상황으로 보아 제주 목관아에서는 고려 초부터 조선시대까지 지속적으로 도자기를 운반, 사용한 사실이 판명되었다. 특히 '천', '별' 등의 명문으로 인해 15~16세기에는 경기도 광주 분원관요에서 궁궐이나 중앙 관청용으로 제작한 백자를 사용한 점도 확인되었다.

2) 정의현 객사지와 내아지 출토 도자기

정의현 유적에서는 조선 초 15세기에서 16세기 초까지의 분청사기편들이 출토되었다. 이 분청사기에는 고려 말 청자의 전통을 이은 인화화문, 백토 분장이 짙은 박지문과 인화문, 빠른 운동감이 느껴지는 귀얄문 등의 다양한 문양들이 장식되었다. 그리고 굽에서는 고려 말 조선 초의 제작 수법이 역력한 것도 발견된다.

백자의 경우 17세기부터 일제시대까지 폭넓은 시기적 분포를 보인다. 특히 정의현 관아지에서는 굽 안바닥에 左·간지·숫자가 함께 새겨진 명문이 있는데, 이는 경기도 광주 분원(分院) 관요(官窯)에서 궁궐용 백자에만 새긴 것이다(사진 9).[17] 이런 명문은 탄벌리·상림리·송정리 등의 17세기 가마터에서 간혹 발견된다.

정의현 객사지에서 출토한 15세기의 양질 분청사기편들 가운데 백토 분장이 짙은 분청사기는

사진 9. '左' 명 백자, 정의현지 출토

광주 무등산 충효동 가마터나 전남 고흥 운대리 가마터 출토품과 유사하다. 또 정의현 내아지에서는 '左' 명이 새겨진 백자 굽편이 출토되었다. '左' 또는 '右' 라는 글자는 15세기 경기도 광주 분원관요의 도마리, 우산리 등지의 가마에서 흔히 발견된다. 그런데 정의현 출토 '左' 명은 기명 위치로 볼 때 앞에 소개한 바와 같이, 숫자나 간지 등 다른 글자와 조합된 17세기 관요 백자 명문의 특징을 보인다. 중앙 관청에서 제주의 공공기관으로 배분, 공급한 것으로 확인된다.

3) 항파두성 출토 도자기

제주도는 고려 말 원종 12년(1271)에서 삼별초가 멸망한 원종 14년(1273)까지 항몽의 본거지로서의 역사를 가지고 있다. 그 대표적인 유적이 북제주군 애월읍에 있는 항파두성이다. 이로 인해 제주의 유적에서는 토기나 흑갈유를 입힌 중국 원의 귀 달린 병이 흔히 출토된다(사진 10). 이 병은 몽골인이 일상적으로 사용하던 병이다. 그러므로 제주에서

17) 『京畿道廣州中央官窯』, 국립중앙박물관·경기도박물관, 1998~2000 ; 김영원, 朝鮮時代 窯業體制의 變遷 -陶器所·磁器所에서 分院官窯로-, 미술자료 66호, 2001 ; 『조선시대 도자기』, 서울대학교출판부, 2003.

사진 10. 흑유사이병, 몽고병, 중국 원

는 특별히 이 병을 '몽고병'이라고 부른다. 그러므로 이 병의 존재는, 제주가 고려 말 삼별초의 항몽 역사를 지닌 곳으로서 제주인의 일상생활에 몽골의 영향이 미친 중요한 증거가 된다.

이런 형태의 병은 신안 방축리 해저에서도 다량 인양되었다. 또한 몽골이 여몽 연합군으로 출병하여 정박하던 일본 구주 해역에서도 이 같은 병이 발견된다. 이렇게 신안 해저, 제주, 구주 해역에서 발견되는 경로를 보면, 원의 이동 경로가 더욱 확실해 진다.

2. 사지 출토 도자기

1)법화사지 출토 도자기

관아지 못지않게 중요한 유적이 절터이다. 법화사는 660년대 불교가 제주에 들어오면서 장보고에 의해 창건되었다는 주장이 제기되었다. 그러므로 820년 초 장보고가 중국 산동성 적산포에 세운 법화원, 청해진이 있던 완도 장좌리의 법화사와의 관련성 속에서 제주 서귀포의 법화사지는 역사적으로 매우 중요한 곳이었음에 틀림없다.

법화사지에서 출토한 도자기를 보면, 초기의 해무리굽 청자와 전성기의 고려 청자를 비롯해서 조선시대의 분청사기와 백자가 다량 출토되었고 중국 자기가 소량 발견되었다. 먼저 고려 청자를 살펴면, 대접, 접시, 잔(통형 잔, 국화형 잔 등), 잔탁, 마상배, 매병, 뚜껑, 베개 등 실제 생활에서 사용한 그릇들이다. 양질과 조질이 모두 보이는데, 양질 청자는 갑발을 사용해서 제작한 고급품들이다. 장식 수법은 다양하여, 아무 문양이 없는 무문을 비롯해서 음각, 양각, 양인각, 흑백상감, 투각 등이 있다. 문양 소재도 다양한 편이다. 당초문, 연판문, 앵무문, 흑백상감이 화려한 당초문 · 모란절지문 · 여지문(荔枝文) · 운학문, 인화우점문, 투각당초문 등에 이른다.

사진 11. 청자상감투각문편, 법화사지 출토

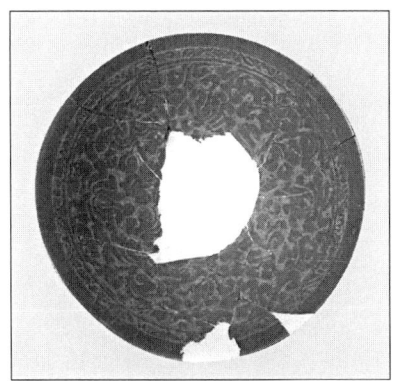

사진 12. 청자상감보상화문대접, 문공유청자 양식, 법화사지 출토

문양 장식이 화려한 청자도 있는데, 이중원 안에 모란절지문을 흑백상감하고 그 주변에 투각문 장식이 있는 예이다(사진 11). 유약이 투명하고 빙렬이 있는 비교적 세련된 청자이다. 이 외에도 1159년에 죽은 문공유(文公裕)의 무덤에서 나온 청자역상감보상당초문대접과 같은 양식의 청자 대접이 법화사지에서 출토되었고, 왕릉 출토 청자와 비슷한 품질의 청자편들도 출토되었다(사진 12). 법화사지 출토 청자는 전반적으로 상감문이 세련된 수준이므로 12세기 이후 고려시대 법화사의 위상을 짐작할 수 있다.

그런데 법화사에서 청자를 사용한 시기는 해무리굽편이 발견되었으므로 10세기 경부터이다. 그리고 전성기의 청자가 출토품에 다수 포함

사진 13. 분청철화당초문편, 법화사지 출토

사진 14. 청자병 저부편, 중국 원, 법화사지 출토

되었으므로 세련된 청자가 전해진 시기는 늦어도 12세기경인 것 같다. 아울러 13세기의 다소 변형되거나 퇴락한 상감당초문, 13세기 말~14세기의 인화운문과 상감학문, 인화우점문, 흑백상감당초문 등은 모두 각 시기 청자의 특징을 보인다. 이런 청자를 근거로 하면, 법화사에서는 고려 초부터 말까지 꾸준하게 청자를 사용했음을 알 수 있다.

법화사지 출토 분청사기에서는 상감, 인화, 조화, 철화, 인화, 분장 등 대부분의 장식 수법이 발견된다. 인화분청은 15세기 전반이나 중후반의 비교적 세련된 양식에 속하며, 조화분청 역시 15세기의 활달한 필치를 드러낸다. 또 철화분청은 추상화된 당초문, 유태의 품질 등에서 계룡산 학봉리가마의 분청사기임이 분명하다(사진 13).

이에 비해 백자는 대부분 유백색을 띠며 유약과 태토가 깨끗하지 못하여 최상품을 찾기 어렵다. 태토비짐 받침을 사용한 15세기의 백자와 더불어 17~18세기에 속하는 백자가 대부분이다.

중국 자기는 백자 3점과 청자 1점뿐이다. 백자는 익산 미륵사지에서 출토한 중국 송대 경덕진요의 백자와 유사하다. 청자는 매병의 저부편으로 신안해저에서 인양된 청자첩화당초문매병과 같은 양식으로 중국

용천요에서 제작한 양질 청자이다(사진 14). 이 용천요 청자는 고려 후기에 중국 원에서 수입된 것이다. 이처럼 법화사지의 중국 자기는 송에서 원에 걸쳐 수입되었다. 어떤 경로로 법화사지에 전해졌는지 알 수는 없으나, 제주의 다른 유적에서도 중국 자기가 소량이지만 출토되었다. 당시 법화사를 지원한 제주의 대외교류는 적극적이었으며 규모와 범위가 컸음을 확인할 수 있다.

2) 원당사지 출토 도자기

원당사는 법화사, 수정사와 함께 조선 초 제주의 3대 사찰 중에 하나로 꼽히고 있는 사찰이다. 이곳에서 출토된 도자기는 고려 초기의 청자를 비롯해서 조선시대 분청사기와 백자로 구성된다. 청자는 고려 전기와 중기, 분청사기는 15세기~16세기 초, 백자는 15~18세기에 속한다. 백자의 대부분은 유태가 조질이며 제작 수법도 거친 편이다. 그릇의 종류로는 대접, 접시, 화형접시, 잔(통형잔), 뚜껑 등 생활용기들이 대부분이다.

원당사지 출토 자기 가운데 가장 이른 시기에 속하는 것은 해무리굽 청자이다(사진 15). 이 해무리굽 청자편은 전형적인 9세기 형식이 아니라 굽바닥이 좁아진 10세기경의 변형 해무리굽이다(사진 15). 이 해무리굽 청자는 이른 시기부터 원당사에서 청자를 사용했음을 증명해준다. 청자의 문양으로는 무문, 음각당초문, 상감여지문, 철화당초문 등이 있다. 세

사진 15. 청자, 변형해무리굽, 원당사지 출토

런된 청자음각당초문접시편, 작은 규석받침, 유약을 깨끗하게 입힌 굽 안바닥 등에선 고려 12세기의 전성기 수법이 확인된다.

청자상감여지문청자대접은 외측면 중앙에 등간격으로 배치한 이중 원 안에 인화국문과 굽바닥에 붙어있는 흙 받침 등 내외면의 문양이 단 순하고 수법이 다소 거칠다. 이 청자대접은 14세기의 양식을 보인다. 또 14세기 말에서 15세기 초의 특징을 지닌 인화여의두문과 원문이 장식된 청자편들도 출토되어 고려 말 조선 초의 왕조 교체기에도 원당사에서는 지속적으로 도자기를 사용한 것 같다. 철화당초문이 시문된 청자 뚜껑 은 전남 해남에서 가마터가 발견되었으므로 그 곳에서 제작하여 제주로 운송된 것으로 추정된다.

원당사지 출토품 가운데 '內贍' 명 인화분청편이 있는데, 내섬시라는 관청명을 줄여서 '내섬' 의 두 글자만을 도장으로 만들어 분청사기에 찍 었다. '내섬' 명 분청사기가 제작된 곳은, 광주 무등산 충효동 가마를 비 롯하여 전북 고창 평촌마을, 완주 장파마을 등지의 가마와 경상도 언양 태기리, 공주 계룡산 학봉리 등지이다. 이처럼 충청, 전라, 경상 지역의 여러 가마에서 관청용으로 '내섬' 명 분청사기를 제작한 것이다.

이런 관청명 인화분청이 제주에 전해지고, 또 원당사에서 사용된 사 실만으로도 제주의 대사찰로서의 원당사의 위상을 짐작할 수 있다. 그 리고 고려 초기의 해무리굽 청자가 출토된 점으로 보면, 원당사가 고려 중기에 창건되었다고 전해지기도 하나, 고려 초기인 10세기 경부터 줄 곧 사찰이 운영된 것으로 추정된다.

3) 수정사지 출토 도자기

앞에 소개한 두 사찰과 함께 제주 3대 사찰이었던 수정사지에서도 각 종 고려 청자, 조선의 분청사기와 백자 등이 출토되었다. 대접, 접시와 같은 일상용기, 마상배, 의례용 이형잔 등의 기형이 보인다. 고려 청자는 12~13세기의 투각화문, 14세기의 인화운문, 분청사기는 귀얄문, 분장문 등이 있다. 백자는 품질이 다소 거칠며 무문의 순백자가 대부분이다.

4) 존지암지 출토 도자기

존지암지에서는 고려 말 청자와 조선 분청사기와 백자가 출토되었다. 청자는 고려 말~조선 초의 과도기 양식을 보이는 화분으로 흑백상감으로 화절지문과 학문이, 인화로 삼원문과 국문이 외면에 화려하게 시문되었다. 또 15~16세기의 각종 문양이 시문된 분청사기는 조선 초부터 전성기와 쇠퇴기까지의 특징을 보인다. 백자 역시 조선 전기부터 후기에 이르는 전 시기의 것이 발견되는데, 특히 존지암지에서는 '菓', '李順', '仁守' 등의 정각명이 여러 점 있어 주목된다. '이순'은 아마 주문한 사람의 이름인 듯하다.

3. 제주 해역 출토 도자기

1) 신창리 해저 출토 도자기

북제주군 한경면 신창리 해저에서는 1997년 1월 고려 청자와 다량의 중국 자기가 인양되었다. 고려 청자는 외면에 양각연판문이 장식된 전형적인 11~12세기 초의 대접이다. 가마 안에서 산화번조되어 생긴 청자유의 갈색 변화 현상을 제외하면, 이 청자대접은 비교적 고

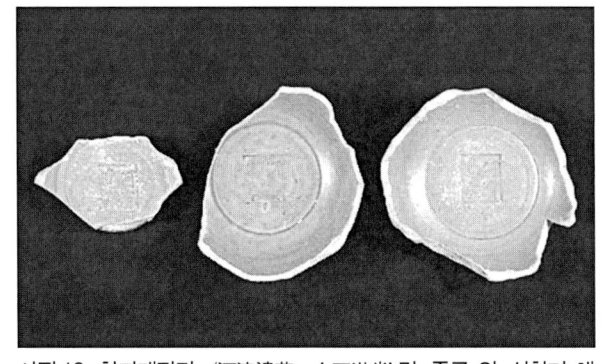

사진 16. 청자대접편, '河濱遺范 · 金玉滿堂' 명, 중국 원, 신창리 해저 출토

급품에 가깝다. 이 고려 청자는 전라도 강진이나 부안 등지에서 제작되어 제주로 운반된 것이다.

다량의 중국 자기는 송·원대 청자로 다소 거친 무역자기 양식을 보인다. 대접 내저면에 '河濱遺范', '金玉滿堂' 등의 명문을 4각형 인장으로 찍은 것도 있다(사진 16). 이런 명문은 송·원대 자기에서 흔히 발견되는 것으로서 일본 九州의 大宰府 유적에서도 같은 명문이 인각된 청자가 출토되었다. 또 신안 방축리 해저 인양 백자 중에는 '白玉滿堂'의 명문이 있어 이 신창리 해저 출토 '金玉滿堂' 명 청자와 비교된다.

이렇게 같은 유물이 한국 해저와 일본 유적에서 출토됨으로 인해, 중국에서 한국 해역, 특히 제주 해역을 거쳐 일본으로 이동하는 해로가 무역에 이용되었음이 확인된다.

2) 추자도 해저 출토 도자기

추자도 해저에서는 당초문이 전면에 시원하게 음각된 분청사기조화당초문호가 발견되었다. 이 분청사기호는 동부 중앙의 넓은 면에 백토 위에 조화박지 기법으로 장식된 당초문, 견부의 커다란 연판문대, 외반된 구연부, 힘있게 벌어진 견부, 저부까지 사면을 이루며 내려오는 동부 등 전형적인 15세기 중반의 특징을 갖추고 있다.

제주도와 추자도는 자기를 제작하는 태토와 유약의 원료가 부적합하기 때문에, 제주 출토 도자기들은 육지의 여러 가마에서 제작하여 해로를 통해 운송된 것이다.

IV. 맺음말

삼국시대부터 한반도에 수입된 중국 자기는 한국 자기의 발생에 큰 영향을 끼쳤다. 그러나 고려는 독자적인 청자 양식을 확립하여 중국에 역수출되었고, 일본에도 수출되어 조선의 분청사기, 백자와 함께 고려다완의 근간이 되었다. 이렇게 동북아시아 3국 사이의 도자기 교류는 각국의 문화에 일정 부분 강한 영향을 미쳤다.

한국에서 중국 자기가 발견된 경우는 두 가지 경로를 생각할 수 있다. 하나는 한중 왕실 간에 이루어진 조공무역[관무역], 다른 하나는 일반인들이 행한 사무역[민간무역 혹은 밀무역]이다. 제주에서 출토된 중국 자기 역시 두 가지 경로로 전해졌을 것이다. 즉 제주 관청의 공식적인 요구나 관료의 부임, 혹은 상인들의 거래를 통해 전해졌다고 여겨진다.

고려시대에는 국내에서도 도자기의 소비지와 생산지가 멀리 떨어져 있었기 때문에 자기의 장거리 운송이 필수적이었다. 더욱이 당시 일본은 요업이 낙후했으므로 한국과 중국에서는 일본에 도자기를 대량 수출했다. 그런데 조선시대에는 수도인 한양 가까운 경기도 광주 분원관요에서 왕실과 중앙관청에 공급할 자기를 생산했기 때문에, 국내에서의 도자기 생산과 소비는 근거리 위주로 이루어졌다.

일본에서 유행한 선사상에 잘 부합된 조선 도자기는, 15~16세기에 대량 수출된 듯 일본 전 지역에 걸쳐 엄청난 양으로 발굴되고 있다. 이는 한국 도자기가 일본 고려다완의 시원이 되며, 일본으로 향한 조선의 도자기 무역이 매우 활발했음을 증명해준다.

한중일 간의 도자기 무역 경로는 대부분 한국 해역을 멀리 혹은 가까이 지나게 된다. 따라서 예기치 않은 기후 변화로 인해 한국 해역에서 침몰된 자기의 양은 셀 수 없이 많다. 대표적인 사례가 신안 해저에서 침몰한 선박이다. 제주는 그 중앙에 위치하여 한중일 선박이 대부분 지났다. 제주 남쪽 해역을 지나거나, 제주에 정박했다가 다시 일본 후쿠오카 북쪽을 경유했다. 제주는 한중일 무역에서 중요한 거점이자 경유지였다.

제주 해역 뿐 아니라 관아지와 대표적인 사지 등지에서 발굴된 도자기들은, 고려 초 10세기경의 변형해무리굽, 12~13세기의 세련된 상감청자, 고려 말 14세기의 퇴락한 청자, 조선 15~16세기의 각종 분청사기와 백자, 중국 원대의 청자 등이다. 이런 각종 도자기들은 고려, 조선시대에 국내외 무역에서의 제주 무역의 비교적 활발했던 일면을 전해준다. 특히 '大海'·'大男'·'海' 같은 정각명은 다른 지역에서는 발견되지 않는 명문이므로 더욱 주목된다. 더욱이 '내섬'이라는 관청명, '天', '左', '좌·간지·숫자' 등의 명문으로 미루어 보면, 조선의 궁궐과 중앙 관청 그리고 제주의 관청이나 사찰의 긴밀성을 곧 확인할 수 있다.

이렇게 보면, 제주의 관청, 사찰 등 중요한 곳에서는 다른 지역에서와 마찬가지로 그 격에 맞는 도자기를 사용했다. 고려 청자의 경우 왕실이나 중앙 관료들의 청자를 제작한 강진, 부안 가마 제품이 제주에 전해졌다. 그리고 조선의 분청사기와 백자 역시 궁궐이나 중앙 관청과 관련된 것들로서 백자 중에는 분원관요의 제품도 포함되어 있다. 기타의 여러 가마에서 제작한 분청사기와 백자는 출발하기 전, '대해'·'대남'·'해'와 같은 명문을 새겨 제주로 운반할 것임을 표시했다.

이상과 같이 이 글에서는 고려, 조선시대의 한국, 중국, 일본의 사회문화적·경제적·정치적 교류의 한 지표가 되는 도자 교류 실태를 확인하면서 제주에서 사용한 도자기의 종류와 특징을 파악하였다. 또한 3국 간 무역 경로의 가운데 위치한 제주가 교류의 요충지로서의 위상을 갖추었음을 재조명할 수 있었다.

한국의 역사와 문화 그리고 제주

한국 성곽의 구조와 특징, 그리고 제주의 성곽

차용걸 충북대학교 역사교육과 교수

▲ 강화중성 판축구조 단면

한국 성곽의 구조와 특징,
그리고 제주의 성곽

Ⅰ. 한국인과 한국성곽

한국의 성곽에 대한 이해는 역사학과 고고학, 건축 및 토목공학 등의 학문적 진척 정도에 따라 깊어졌다. 20세기 이후 실증적 학문의 대상으로 되어서부터는 여러 이유로 조사 연구의 대상이 되었는데, 그 하나는 학술적 대상으로서의 성곽이고, 다음은 보호할 대상으로서의 문화재로 취급되는 것이었으며, 그 다음은 관광 목적 내지는 추억의 기념물로서의 감상, 그리고 때로는 개발사업의 걸림돌로 인식되기도 한다.

성곽은 우리 역사 속에서 어떤 존재였던가? 성(城)의 우리말은 '잣'이나 '재'이다. 고유한 우리말이 있음은 성의 발생부터 발전에 이르기까지 독자적 문화로서 시작되고, 전통을 유지하며 이어져 온 것임을 알 수 있다.

한국에 있는 성곽의 숫자는 현재 남한에만도 천 수백을 헤아리는 성과 보루의 터가 있고, 북한과 만주 지역 및 일본열도에 있는 것까지 우리 역사와 관련되어 축조되었던 성곽은 얼마나 되는지 아직 모두를 헤아리지 못하고 있다. 이처럼 많은 성곽이 터전을 남기고 있다는 것 자체가 우리 문화의 폭과 깊이를 알려주는 단서가 된다.

성곽은 인간이 한 곳에 정착하여 살면서 집단을 이루고, 서로의 생명

과 재산을 지키기 위하여 만든 가장 거대한 토목공사 구조물이다. 우리
말 '잣'으로 표기되지 못하고 한자(漢字)인 城이나 柵 혹은 郭 堡 戍 寨
砦 壘 塢 塿 郛 塞 등의 글자, 혹은 낱말로 표현되어 왔는데, 그 이유는
우리의 말과 글이 없어서가 아니라 중국에서 발전한 모든 형식의 성곽
종류들이 우리에게도 있어서, 우리 스스로도 중국 못지않은 문명한 나
라임을 자부하여왔기 때문이다. 중국에서는 일찍부터 자기들을 도시[城
市] 국가, 즉 문명한 나라로 여기고 사방의 주변 다른 종족들은 덜 문명
한 것으로 간주하였는데, 그 기준의 하나가 성곽, 혹은 성책이 있느냐
없느냐를 기준으로 기록하는 것이었다. 조선 초기의 경세가인 양성지
(梁誠之)가 우리는 동방에 있는 성곽의 나라이다(吾東方城郭之國也)라
고 한 것은 중국과 동등한 역사와 전통을 가진 예로부터 문명한 사회를
이루어 온 나라라는 자부심을 말한 것이었다.

성곽의 시초를 중국에서는 우(禹)임금의 아버지 곤(鯀)이 처음 만들
었다고 전해오고, 황하의 치수(治水)와 관련한 제방(堤防, Bank)의 축조
에서 비롯된 것으로 말하여 왔으나, 마을 주변에 판 작은 도랑[環溝, 環
壕]에서부터 시작되어 발전한 것임이 고고학적 증거로 제시되고 있다.

청동기시대의 이른 시기에, 구릉 위에 돌을 쌓아 만든 성터가 만주지
역에서부터 시작된 증거가 있으며, 초원지대에서도 일찍부터 사납거나
해로운 동물로부터 보호되고, 내부의 가축이 함부로 나가지 못하게 하
는 '울타리'와 같은 시설이 있었다. 점차 사회조직이 발전하면서 보다
규모 있는 성곽으로 발전하게 되었다고 알려져 있다. 고고학적 증거에
의하면, 성곽의 원초적인 형태는 처음에는 거주하는 공간의 일정한 범
위에 도랑을 돌려 파는 시설에서 시작되었다고 알려져 있다. 도랑을 판
흙으로 두둑을 만들다가 다음에는 도랑의 안쪽에 나무로 울타리를 만든
목책(木柵)을 세웠으며, 이후 흙을 더욱 단단히 쌓아올리거나, 아예 돌
을 쌓아올리는 시설로 발전하였다.

특히 청동기시대에 이르러 집단의 규모가 커지고, 신분제도가 생겨나

고 정치세력이 성장함에 따라, 유력한 집단은 많은 노동력을 동원하여 방어시설 겸 권위를 상징하는 성책(城柵)을 만들었다. 성곽, 혹은 성책의 존재는 곧 작은 규모이지만 국가의 성립을 의미한다. 우리 역사상 기록에 보이는 최초의 것은 아마도 왕검성(王儉城, 혹은 王險城)일 것이다. 이 성터는 아직 어디에 어떠한 규모로 존재했었는지 알려져 있지 못하다. 그러나 널리 인간을 이롭게 한다는 홍익인간(弘益人間)의 이념을 가지고 건국한 단군 조선의 도읍인 왕검성은 훗날 중국 한(漢)의 침입에 1년 이상을 농성(籠城)하며 버틴 험준한 성터였다.

　한국의 성곽은 처음부터 평탄한 들판에만 축조하지 않고, 물줄기를 낀 독립된 구역이나 주변보다 높은 구릉 위(Hilltop)를 택한 예가 많다. 그러한 곳이 생활의 중심지로 적합하였고 멀리까지 바라다보기에 좋았기 때문이다. 또 네모지게 만들지 않고, 천연의 지형을 최대한 이용하여 평면 타원형에 가깝거나 구불거리도록 축조하였다. 이점 또한 한국 성곽의 가장 큰 특징의 하나이다. 왜 긴 역사를 통하여 이처럼 전통의 요소가 강하게 되풀이 반영되었을까. 많은 내부 항쟁과 외침의 경험이 축적되어 적은 힘을 가지고 많은 적을 상대할 수 있는 방안을 험한 지형과 부정형(不定形)의 구불거리는 성벽으로 보완하여야 하였기 때문이다.

　한국의 성곽은 역사적 경험의 축적이 끊임없이 반영되면서 우리 주변의 한(漢)·왜(倭)·여진·거란·몽골 등의 이민족(異民族)의 침입으로부터 민족을 지켜준 보루이었을 뿐만 아니라, 그 당시 토목건축기술문화의 복합적 축적물이다.

II. 한국 성곽의 발전과 전형(典型)

한국의 성곽은 처음부터 오늘날 볼 수 있는 거대한 옛 성터의 모습은 아니었다. 규모는 작았으며, 성벽에 부설되는 시설은 후대와 같이 복잡한 것이 아니었다. 고대에서 중세로, 그리고 근세로 변화 발전하면서 여러 가지 시설이 첨가되고, 성벽을 비롯한 각종 시설을 만드는 기술도 수준이 달라져 왔다. 성곽 축조의 기술적 변화가 내부적 성장과 발전을 의미하며, 그 원인은 생존을 위한 부단한 노력과 항쟁(抗爭) 때문이었다. 그러한 항쟁이 있어 온 역사를 대략 고대·중세·근세로 나누어 보면, 그 변화의 속성을 쉽게 이해할 수 있다.

역대의 성곽은 왕이 있는 최대 최고 권위의 도시에 마련된 것을 도성(都城)이라 하고, 지방의 크고 작은 도시에 있는 것을 읍성(邑城)이라 하여 정치행정의 중심지에 축조된 것과, 감영 병영 수영 등의 영성(營城)과 그 아래 산성(山城)·진보(鎭堡)·행성(行城) 등 군사적 목적으로 축조된 것, 그리고 창성(倉城)·목장성(牧場城)·연락성(連絡城, 烟臺烽火의 防護壁) 등의 특수한 목적으로 축조된 것으로 크게 구분할 수 있다.

도성은 왕궁과 종묘(宗廟)·사직(社稷)이 있는 국가의 중심 성곽으로, 도성이 곧 그 나라 성곽의 모범이었으며, 다른 어떤 성곽보다 규모와 시설에 있어서 으뜸이 되었다. 따라서 도성은 곧 그 나라의 성곽에 관련한 제도와 기술의 발전을 알 수 있는 척도가 되었다.

성곽을 경우에 따라 여러 기준에 의거해서 여러 가지로 구분하는 것은 성곽 이해의 편의를 위한 것이다. 성벽이 여러 겹일 경우 내성(內城)·외성(外城)·중성(中城)·위성(衛城) 등으로 구분하기도 하고, 크기에 따라 성(城)·보(堡), 재료에 따라 토축·석축·전축·목책 등으로도 나눈다. 성에는 제각기 명칭이 있었다. 고유명사로서의 이름 이외에 이처럼 여러 보통명사로 설명될 구분이 있는 것은 엄밀히 말하여 하나하나의 성곽은 모두 사람처럼 개성을 가지고 있거나 우주, 내지는 세계관을 가진다고 생각되어서, 동일한 규모와 동일한 양식의 성곽은 없기 때문이다. 반면 유사한 구조와 유사한 양식은 존재하였다. 시대와 지역에 따라 다르긴 해도 유사한 형태와 기능, 기술 수준의 유사성이 인정되므로 형식(型式)으로 구분할 수는 있다. 특히 축조기술에 있어서는 한 시대의 토목기술을 비롯한 건축기술 뿐만 아니라 사상체계까지 수용되어야 하였으므로, 비슷한 유형의 축조기술이 사용되었다. 그러나 축성에 필요한 인적·물적 자원의 한계나 응급 상황의 정도에 따라 이전의 기술이 생략되어 축조되거나 시설에 있어서 응급적인 이유로 전형적인 시설을 응용하여 간략화 하는 경우가 많았다.

우선 시대로 보아 가장 축성활동이 활발하였던 삼국시대의 경우에는 역사상 가장 높고 넓고 튼튼한 성벽을 축조한 시기였다. 이 시기는 한국 성곽의 전형(典型)이 성립된 시기였다.

한국성곽의 첫 번째 전형은 평상시 사람들이 모여 사는 고을의 중심지인 평지, 혹은 야산 기슭에 평상시 거주하는 읍성을 만들고, 거기서 얼마 떨어지지 않은 산에다 산성을 쌓고 무기와 식량을 비축해 놓았다가 전쟁 때는 산성으로 들어가 지키는 것이었다. 고구려의 국내성과 평양성, 백제의 한성, 신라의 금성이 모두 산성을 이웃하여 가지고 있었으며, 이 전통은 고려와 조선으로 이어져 내려왔다.

두 번째 전형은 새로이 나성(羅城)을 가진 도성(都城)을 성립시킨 것이었다. 6세기에 이르러 백제의 사비도성과 고구려의 장안성(長安城, 지금의 평양성)은 산 위의 산성에서 연장하여 강변 낮은 지역 시가지 전체를 에워싼 나성을 건설하였다. 이 제도는 뒤에 고려 개경에도 나성이 건설되었으며, 한양 도성도 사실상의 나성 형식을 취한 것이었다. 이 밖에도 각지의 읍성들은 바로 이러한 나성 형식의 한 변형에 해당하는 형태를 취하였으며, 화성(華城)과 강도(江都) 등도 그러하였다.

세 번째 전통은 산성의 축조가 가장 보편화되었던 점이다. 어떤 점에서는 산성의 축조 자체가 한국성곽의 가장 큰 전통이라 할 수 있다. 산이 많은 지리적 영향을 감안하여, 산을 효과적으로 활용하였다. 도성들도 모두 산에 의지한 성곽을 축조하였으며, 각 고을마다 산성이 없는 고을이 없었다. 산성은 전통적인 전술·전략과 밀접히 관련되었다. 고구려에서 시작, 성행된 이 산성 축조의 방법은 적이 침입하면 평지의 백성들이 산성으로 들어가 지키는 [淸野入保籠城] 것과 기각지세(掎角之勢)를 형성하는 것으로서, 적을 깊숙이 끌어들이고, 침략자들이 와서 먹을 것이 없게 되어 물러갈 즈음 산성에서 길목을 차단하여 공격하는 전술과 관련된다. 따라서 산성에는 평소에 얼마 동안 먹을 수 있는 식량과 물이 있어야 하였다. 노약자와 부녀자도 성벽에 올라 평소 준비한 돌을 던질 수 있었으니, 온 백성이 모두 방어에 가담할 수 있었다. 산성은 아무 산에나 만든 것이 아니라 교통로가 모여진 곳을 잘 내려다볼 수 있는 요충지를 비롯하여, 고을의 뒷산으로 예로부터 신성한 구역으로 여겨져 온 정신적으로 성황신(城隍神)이 존재한다고 믿는 진산(鎭山) 등의 곳이어서 신성한 구역으로 여겼다.

네 번째 전통은 신성(神聖)함에 더하여 여러 종류의 축성과 관련된 설화가 전해오는 경우가 많은 점이다. 이는 성곽과 관련된 이야기가 어려서부터 아이들에게 자연스레 옛날 애기로 전승되어 온 것을 의미하며, 축성설화의 대부분이 역사상 유명한 장군의 이름을 들거나, 마고(麻姑)할멈 혹은 노고(老姑) 할멈이 관련되며, 할아범(姑夫)과 할머니(大母, 姑母)처럼 부부지간 등의 신격이나 인격과 관련된다. 가장 많은 축성설화는 '오누이 힘겨루기' 설화[男妹築城說話]로 불리며, 그 줄거리는 보통 늙은 어미와 외아들 및 딸들로 구성된다. 자녀들은 모두 힘이 장사이며, 오누이가 서로 목숨을 건 힘자랑을 하되, 아들은 무거운 쇠 신이나 빨리 걸을 수 없는 나막신을 신고 서울까지 갔다 오기로 하며, 딸들이 성을 쌓기로 하여, 궁극적으로는 딸이 이겨 아들이 죽는 것을 막으려는 어머니의 기지(奇智)로 뜨거운 팥죽 등을 딸에게 먹도록 하여 간발의 차이로 아들을 이기게 하여 딸들이 죽는 비극적(悲劇的) 종말(終末)이다. 이 설화 속에는 아들(씨)를 보존하려던 조상들의 종족보존에 대한 강한 의식이 배어들어 있다고 해석할 수 있다. 그만큼 성곽 자체는 종족 보존의 보루였다고 인식되어 온 것이다.

Ⅲ. 한국성곽의 구조와 기술적 발전

우리나라의 성곽은 이미 삼국시대에 그 전형이 성립되었으며, 이후 공간적으로는 일본열도로 전파되고, 시간이 흐름에 따라 보완을 거치면서 구조적인 발전을 이룩하면서 변화 발전되었다.

일본의 고대 성곽은 흔히 조선식산성(朝鮮式山城)과 신농석(神籠石)의 두 형태로 알려져 있다. 일본의 서부지역에 약 25개소의 유적이 남아 있으며, 조선식 산성은 말 그대로 한국에서 건너간 이주민—특히 백제 멸망 전후시기에 백제 사람이 축성을 지도 감독한 대야성(大野城)과 기사성(基肆城)을 비롯하여, 대마도에 있는 금전성(金田城)과 수성(水城), 국지성(菊池城), 사누끼 지역의 옥도성(屋島城) 등을 말한다. 신농석 또한 열석(列石)과 판축토루(版築土壘)로 성벽을 만들고 성문을 가지고 있다. 산성과 구분이 어렵고, 산성과 구분할 뚜렷한 이유가 없을 만큼 유사성이 인정되고 있다. 일본에서는 이후 중세 성곽부터는 대륙과는 다른 형식으로 독자적 발전을 하게 되나, 고대의 성곽은 한국의 성곽이 그대로 건너가 축조되거나 일부 요소의 현지 적응을 거쳐 존재하는 성터들뿐이다.

우리나라에 있어서도 산성들은 고대 말기의 이른바 호족(豪族)의 자기항쟁 시대를 지나 고려시대에 이르러서는 대규모 외적이 장기간 침입하게 되자 그에 대응하면서 변화, 발전되었다. 삼국시대에 축조된 많은 산성들은 성내의 면적이 좁거나, 물이 부족한 경우 더 이상 늘어난 인구가 들어가 지킬 수 없었으므로, 보다 높고 험한 지형에 규모가 크고, 내부에 계곡을 끼고 있어 물이 충분한 곳을 골라 축성함으로서 지구전(持久戰)에 대응하였다. 따라서 이미 존재하던 산성들은 규모가 크고 성내에 물이 풍부하여 많은 인구가 들어가 지킬 수 있는 것들은 계속하여 수리를 거쳐 사용될 수 있었으나, 규모가 작고 성안에 많은 물이 지속적으로 확보되지 못하는 산성들은 경영이 중단됨으로서 폐허화되어 점차 사

람들의 관심에서 멀어져가는 점진적 역사적 도태과정을 거치게 되었
다. 그러나 아직도 높고 튼튼한 성벽은 때로 쓸모가 있었다. 활과 화
살·창·칼·방패 등을 기본 무기로 하는 군사편제와 사다리·충차(衝
車)·갈고리·쇠뇌·마름쇠·비루(飛樓)·포차(抛車) 등의 성곽을 공
격하거나 방어하는 무기체계가 유지될 때에는 방어의 효용이 있었다.

몽고족의 침입은 새로운 도전으로서, 당시 도읍을 강화도로 옮기고,
전국에 걸쳐 바다의 섬이나 산성에 피난케 하는 조처가 내려졌다. 각 고
을에는 산성방호별감(山城防護別監)들이 파견되어 백성들을 입보 하며
농성하게 독려하여 40여 년을 항전하였다. 이 시기에 이르러 장기간의
항전에 유리한 대규모의 산성에 대한 효용이 크게 증가되고, 바다의 섬
지역에 피난과 방어를 위한 성이 축조되었다. 진도의 용장성(龍藏城),
제주도의 항파두리성을 비롯한 토성과 석축의 성곽이 축조되기 시작한
것도 이와 관련된 13세기 후반이었다.

고려 말기에는 홍건적(紅巾賊)이 침입하고, 또한 왜구(倭寇)가 침략
하여 해안지대까지 노략질을 하였다. 이러한 이민족의 침략을 극복할
수 있는 여러 방안들이 고안되었으며, 이윽고 화약(火藥)과 화포(火炮)
가 사용되기에 이르렀다. 화약과 화포의 사용이 시작되자 성곽의 양식
과 구조에도 큰 변화가 있게 되었다. 우선 험준한 산성의 경우 과거에
비하여 높은 성벽이 효용성이 떨어짐에 따라 성벽 자체의 너비와 높이
는 축소되었다.

조선왕조 개창과 더불어 한양도성, 압록강과 두만강 유역의 개척지
역, 남쪽 연해지역의 읍성과 진보 성곽의 축조가 국가적 계획으로 점차
추진되었다. 특히 세종 때에는 『축성신도(築城新圖)』라는 지침을 마련
하여 각 지방의 축성 모델로 삼게 하여, 성벽은 무너지면 쉽게 수리가
가능하도록 축조하며, 요소요소에 화포를 설치할 수 있는 시설물들이
보다 많이 필요하였다. 이에 따라 성벽은 전반적인 높이는 낮아지고, 성
벽 위에 여장(女墻)을 반드시 만들게 하고, 성벽이 곧은 곳에는 별도로

적대(敵臺)를 만들게 하고, 성문에는 옹성(甕城)을 만들게 하고, 성벽 둘레에 해자(垓子)를 돌려 파서 방어력을 높이게 하였다.

이처럼 역대로 축적된 경험과 새로운 시설의 고안으로 국경에 가까운 도시와 내륙의 중요 도시는 읍성을 보완하여 석축된 성벽을 가진 읍성을 가지게 되었으며, 고을에서 떨어진 요새에 산성을 운용하고, 국경과 해안의 요소마다 진보(鎭堡)를 만들었다.

조선시대의 이러한 상황은 한양도성과 그 부근의 주요 도시에 대한 방비보다는 국경 근처의 방어에 힘썼기 때문에 소규모의 국경분쟁에는 유리하였으나, 대규모의 전쟁에서 국경이 돌파되면 국토가 많이 유린되는 약점이 있었다. 이러한 상황은 평화가 오래 지속된 이후, 임진왜란과 병자호란으로 나타났다. 두 차례의 외침(外侵)에 대한 반성은 한양 도성 주변의 국방력 강화에 힘쓰도록 하였다. 광해군 때에는 남한산성과 강화도를 도성 위급시 이어(移御)할 보장(堡障)으로 삼았으나, 병자호란 이후 거의 무장이 해제되었고, 성곽의 수개축이 불가능하였다. 숙종 때부터 축성이 재개되어 한양도성의 인근에 북한산성을 두고도 동쪽에 광주 유수부(留守府, 남한산성), 북쪽에 개성 유수부(개성 및 대흥산성), 서쪽에 강화 유수부(강화성과 정족산성 및 문수산성)를 두었으며, 남쪽은 최후로 정조 때 수원 화성을 축조하고 독성산성(禿城山城)이 운용되었다. 이 시기에 이르러 축성에는 서양과 중국, 심지어 일본의 성곽에 대한 새로운 지식이 망라되었으며, 그러면서도 기본적인 속성은 전통적인 양식이 그대로 이어지고 있음을 볼 수 있다.

성곽축조의 기술적인 면에서 가장 중요한 것은 성벽을 쌓는 기술에 있었다. 지금까지 알려진 축조기술의 첫 단계는 기초(城基)를 만드는 기술에서 시작된다. 기초를 만들 때에 생토층까지 표면의 부식토를 파내고 일정한 너비를 잡아 평탄히 하거나, 그 평탄면에 성벽 방향을 따라 홈을 파서 성벽이 밖으로 밀리는 현상을 방지한 방법이 알려져 있다.

기초와 체성(體城)과의 접착에 점토를 사용하기도 하며, 기초 위에 기단부를 석축으로 구성한 예가 있다. 혹은 경사면을 이룬 성기(城基)의 외측 아래에 별도의 보축(補築)을 만들어 기초를 보강한 것도 있다. 기초를 단단히 하기 위한 방법으로 지반이 저습한 곳에서는 나무말뚝을 가로로 많이 박아 단단히 하여 오늘날의 파일 공법의 원초적 형태가 이용되었으며, 바닥이 진흙으로 된 곳에서는 나뭇가지와 나뭇잎을 깔고 다지면서 교대로 흙과 접착하는 부엽(敷葉) 공법이 삼국시대의 초기부터 사용되었다. 기초를 지표면의 굴곡을 따라 한 것과 일정한 구간마다 수평을 이루도록 만든 것, 굴곡을 직선으로 깎아 만든 방법이 시기에 따라 유행하였다.

성벽의 벽체를 축조하는 과정에서 흑을 사용하여 단순히 성벽을 쌓는 성토(盛土) 방법으로 한 것과, 나무기둥을 세워 구획하고 서로 다른 종류의 흙을 교대로 넣어 다지는 방법으로 쌓는 판축(版築), 판축처럼 거푸집을 만들어 칸막이를 만들어 흙을 채우고 다지는 등의 여러 방법을 응용한 것 등이 있다. 토성이라 하더라도 물에 쉽게 손상될 수 있는 부분이거나 허물어진 벽체를 수리할 때에 돌과 기와조각 등으로 보완한 것도 있다.

석축의 벽체를 가진 성곽들은 크게 협축(夾築)과 내탁(內托)의 두 가지 형식으로 나눌 수 있다. 흔히 내외겹축(內外夾築)이라고도 하며 성벽 안팎을 모두 돌로 쌓는 방법이다. 내탁은 흔히 외축내탁(外築內托)이라고도 하며, 바깥쪽 성벽을 돌로 쌓아올리면서 그 안쪽으로는 차츰 작은 돌과 돌 부스러기로 채우고 더욱 안쪽으로는 흙으로 넣어 다진 것을 말한다. 이미 삼국시대부터 이 두 가지 방법이 모두 사용되었으며, 특히 산성으로서 지형상 경사가 가파른 부분에는 내탁을 사용하고, 평지나 능선 안부(鞍部) 등에 협축을 많이 사용했으나, 조선시대에 축조된 읍성들의 대부분이 내탁 방법으로 축조되었던 것을 볼 수 있다. 전체적으로 보면 축성의 재료는 목재, 흙, 석재를 거쳐 조선시대에 이르러 중국의 영향을 받아 벽돌을 일부 사용하게 되었다.

Ⅳ. 한국 성곽의 특징

다산 정약용(丁若鏞)은 그가 지은 민보의(民堡議)에서 우리나라 전통적인 산성을 4가지로 구분하여 각기 장단점을 설명하고, 보완점을 제시하였는데, 이러한 의견은 19세기 후반 서양 열강세력에 대한 대책에 골몰할 때 신관호(申觀浩, 申櫶)가 지은 민보집설(民堡輯說)에서도 거의 그대로 인용되어 있다. 우리의 전통적인 산성을 민보(民堡)라 규정하고 그 형태를 입체적으로 구분하여 첫째로 고로봉형(栲栳峯形)으로 물건을 담는 가운데가 오목한 그릇의 형태인 것을 꼽았다. 사방이 높아 적이 성의 내부를 살필 수 없고, 중앙이 낮아 물이 충분한 것이다. 둘째로는 사모봉형(紗帽峯形)으로 산봉우리의 한쪽 기슭에 계곡을 이룬 것으로 마치 옛 모자의 한 형태인 사모를 닮았다고 붙인 이름이다. 세 번째는 마안형(馬鞍峯形)으로 양쪽이 높고 가운데가 잘록하여 마치 말안장처럼 생긴 지형에 쌓은 것이고, 넷째로 산봉형(蒜峯形)으로 마늘처럼 오똑 솟은 산봉우리를 에워싼 것을 이른다.

이처럼 전통적인 산성을 4가지로 구분한 것 자체가 한국 성곽의 특징을 잘 설명하고 있다. 여기에 평지에 축조된 것을 더하면 입체적 유형의 기본형이 망라되며, 개개의 성보들은 이들의 조합(組合)이라 할 수 있게 된다.

한국성곽의 특징에서 우선적으로 지적되는 점은 산을 잘 이용한 점을 꼽을 수 있다. 산의 모양에 따라 다양한 성곽을 만들되, 약점을 보완하는 각종 방법을 알고 있었던 것이다. 산의 봉우리와 능선, 계곡에 적당한 시설을 배치하여 입체적 구성을 하는 것이다. 따라서 멀리서 접근하는 적의 동태를 높은 곳에서 바라볼 수 있다. 평비에 네모꼴로 축조된 중국의 성곽들과는 달리 우리의 지형적 조건을 최대한 활용하고, 지리적 환경에 적응한 결과이다.

둘째로 산의 높은 곳에 위치하여 있으므로 공격하는 측보다 성안에서

방어하는 사람들은 적은 인원과 무기의 열세에도 불구하고 보다 큰 방어력을 스스로 가지는 셈이다. 옛 산성들에는 흔히 크고 작은 냇 자갈돌들이 발견된다. 주먹보다 작은 것에서부터 머리만큼이나 큰 것까지 크기가 다양하다. 적이 산 아래 멀리서 접근하면 작은 돌부터 던지고, 성벽 아래 가까이 오면 큰 돌을 굴려 적의 접근을 막으며, 남녀노소가 모두 할 수 있는 방어 방법이 전통적으로 사용되어온 증거이다. 즉 한국 성곽의 한 큰 특징은 군사뿐 아니라 성안에 있는 주민 모두가 방어 병력이란 점이다.

셋째로 한국 성곽은 역대의 도성에서 보듯이 천연의 방어력을 가진 강물과 산지 지형 등을 최대로 이용하였으며, 산성과 평지까지를 포함하여 산성과 나성(羅城)을 결합한 독특한 도성제도를 이미 6세기 초에 성립시켜 온 데서도 찾을 수 있다. 이러한 형태의 도시는 일본에서는 근세성곽의 시기, 즉 성하정(城下町)의 성립으로 성립되면서도 시가지를 에워싼 성벽(Citadel)이 없는 것이었음을 상기할 필요가 있다.

넷째로 한국 성곽은 처음에는 도랑과 목책과 같이 인류 문명의 발전 궤도와 같은 것에서 시작하여 토성과 석성을 축조하고, 일부는 벽돌도 이용하였다. 오늘날 남아 있는 옛 성터들에서 가장 많은 것은 석축 성곽들이다. 중국이 흙과 벽돌 위주의 성곽을 축조하여 온데 대하여, 우리는 특히 돌을 깨고 다듬어 성곽을 축조하는 기술이 발달하였다. 돌을 축조함에 있어서도 안팎으로 모두 돌로 쌓은 성벽[夾築]과 겉을 돌로 쌓고 안쪽을 돌 조각과 흙으로 단단히 다져 넣는 방법[內托] 이 다 같이 사용되었으며, 실제로 벽면의 바깥 모습은 열을 맞추어 수평을 유지하며 축조하는 방법이 유난히 발전되었다. 부근의 석재를 찾고 파내고 깨고 운반하고 다듬고 축조하는 과정은 지속적으로 축적된 경험에 새로운 기술들이 지속적으로 개발되어 적용되어진 결과물이었다. 벽돌의 사용은 많은 땔감을 요구하여 산림을 황폐시키는 원인이 되었다. 이에 비해 흙과 돌의 사용은 그만큼 자연 그대로를 이용하여 환경을 지켜낼 수 있는 것이었다.

다섯째로 독특한 형식의 문과 수구와 시설물을 갖추고 있다는 점이다. 성벽과 여장(Talus, Batter or Sloping base, Wall or Curtain, Battlement or Crenellation)과 해자(垓子; Moat)뿐만 아니라 다양한 형식의 문의 구조로서 평거식, 계단식뿐만 아니라 현문(懸門; 垂直式 Escalade gate), S자로 굽어드는 문, 적에게 발각되지 않고 몰래 통행하도록 만든 암문(暗門; Postern gate)과 각종 양식의 옹성(甕城; Barbican)을 시설하고, 물이 빠지는 수문(水門)이나 수구(水口; Drainage)도 다양한 양식을 볼 수 있다. 다양한 양식이 적용된 사실은 그만큼 기술 응용에 있어서 지형과 지형을 이용한 기능을 잘 조화시켜 적용함에서 나타난 현상이다.

한국에 남아 있는 성곽과 그 터전들은 역사의 비밀스런 창고라 할 수 있다. 역사 현장 그 자체이기 때문이다. 성을 쌓기 위하여, 다시 말하여 생명과 재산을 지키기 위하여 수많은 사람들의 땀과 눈물과 피가 배어 있는 것이 바로 성곽이다. 한국의 성곽은 유럽의 영주(領主)가 사는 거대한 방어용 저택인 Castle과는 다르다. 일본 근세의 화려한 외관을 가진 천수각(天守閣)도 없으며, 오키나와의 구스쿠나 중국의 네모진 성들과도 다른 한국성곽의 특징이 있다. 가장 큰 특징은 바로 지배자를 위한 것만이 아니고 통치자와 피통치자 모두가 공동으로 준비한 생명의 보루로서 존재해 왔던 것이다. 성황신 앞에서 안전을 빌고, 힘을 합치고 역할을 나누어 적을 막고 생사고락(生死苦樂)을 같이해 온 운명공동시설인 것이다.

V. 제주도의 성곽

제주도에 축성이 이루어진 것은 현재 고려시기 이전으로 소급되는 확실한 증거가 없지만 앞으로 이 지역에서 자생적으로 환구, 환호를 가진 집락이 있었다거나, 고대의 성책이 발견될 가능성은 아직 남아 있다고 생각된다. 서력기원 전후에 멀리까지 교역한 유적과 유물이 있는 것은 그 가능성을 시사한다.

현재 남거나 기록에 보이는 제주도의 성곽 가운데 고려시대에 축조된 것으로 기록되거나 여겨지는 것은 신증동국여지승람에서 이미 고적(古跡)으로 기록에 보이는 항파두고성(缸波頭古城)과 애월목성(涯月木城), 고장성(古長城), 고토성(古土城), 고성(古城) 등이 있다. 이들 고려, 혹은 조선 초기의 새로운 축성이 이루어지기 이전의 것들은 그 축성재료가 목재, 토축이 중심이었을 가능성이 있다. 이들은 고려 후기 13세기 후반에 있었던 이른바 삼별초(三別抄)의 해도(海島) 입거와 관련되어 축조된 것으로 알려져 있다. 즉, 서기 1260년대에 이미 김준(金俊)이나 임연(林衍)이 삼별초의 해도에서의 항거처로 지목되는 바 있었고, 진도를 거쳐 이곳으로 갈 가능성이 크다는 사실을 알고 고려왕조가 대비책을 세우는 시기에 장성을 축조하여 지키게 하였다고 한다.

삼별초의 축성으로 전하는 내외성(內外城)의 내성을 항파두고성으로 보면, 고토성은 그 외성이 될 수 있다고 한다. 이들 항파두리의 성터는 최근 계속하여 조사 중에 있으며, 그 성벽의 축조 수법이 강화도에서 조사된 1250년 축조의 중성(中城)의 기본구조, 진도에서 조사된 용장산성(龍藏山城)의 축조기법과 기본적으로 동일한 구조의 것임이 일부 드러나고 있어 주목된다. 만약 삼별초의 축성이 내외의 이중 성곽으로 밝혀지게 된다면 고려의 개경이 나성을 가진 도성이던 전통을 강도(江都)에서도 유지하고, 진도(珍島)에서도 외곽을 크게 만든 도성을 구현하였을 뿐만 아니라 이곳 제주도에도 그를 방불케 하는 내외 이중의 성곽을 축조하여 도성으로 만들었던 것이라 할 수 있게 된다.

　조선시대에 축조된 제주도의 성곽은 읍성의 축조와 진보(鎭堡)의 축성과 관련되어 육지의 것과 같이 종래의 토축이 석축으로 변화되어 간 것과 관계될 수 있다. 조선왕조의 읍성 축조는 세종 때가 그 획기가 된다. 이른바 축성신도에 의한 읍성의 축조인데, 이러한 계획 이전에 왜구가 잦은 고을들은 고려 말에서 시작되어 읍성이 축조되고 있었다. 이와 관련하여 제주읍성은 이미 존재하던 것이 개축되어지고, 태종 때 대정읍성, 세종 때 고정의읍성(古旌義邑城)을 놓아두고 새로이 진사성(晉舍城)이라는 정의읍성이 축조되었다.

　군사적 목적의 육군과 선군의 방어 거점 가운데 육수군(陸守軍)의 여러 방호소 가운데 서귀포방호소성(석축, 둘레 161척, 높이 5척), 동해방호소성(석축 둘레 500척, 높이 8척), 대수산방호소성(석축 둘레 1,264척, 높이 26척), 차귀방호소성(석축 둘레 1,466척, 높이 33척) 등이 이미 조선 초기에 축조되었고, 나머지 별방성(1510년 축조, 석축 둘레 2,390척, 높이 7척, 동문, 북문), 명월포방호소성(1510년 축조, 석축, 둘레 3,020척, 높이 8척, 동문, 서문, 남문) 등이 중종 때의 경오왜변(庚午倭變)을 계기로 축조되었다. 이런 상태를 보면, 세종 이후 하삼도의 연해읍성이 축조되고, 성종 때에 남해 연안에 대한 수군의 진보가 축조되는 패턴과 달리, 제주도는 읍성이 이미 본토보다 빨리 축조되고, 진보는 본토의 육군 편제와 달리 방호소(防護所)라 하여 진군(鎭軍)이 나누어 지키고, 수군(水軍)의 전선(戰船)과 선군(船軍)은 수전소(水戰所)에 번들어 지켰다. 이들의 계통을 고려 말의 해안 수소(戍所)에 대한 시설 보완에 뒤이은 것이라 할 수 있을지는 보다 깊이 있는 논의가 필요할 것이다. 제주도의 조선 초기 3개 읍성은 본토와는 다른 편제를 가졌다. 대체로 본토에서는 모든 고을에 원칙적으로 학교가 있었으나, 제주도에서는 제주읍성 성내에 향교가 있었고, 대정현과 정의현에서도 읍성 내에 향교가 있었다. 이후 중종 때에 가서야 대정현의 향교가 성 밖 동쪽으로 옮겨졌다. 대정현의 성황사(城隍祠)를 차귀당(遮歸堂)이라고도 하여 뱀귀신 (蛇鬼)을 제사한다는 기록과 제주의 성황사 이외에 차귀사가 또 있는 점 등도 성곽과 관련하여 주목되는 기록이다. 제주의 풍속을 요약한 문구 에 취석축원(聚石築垣)이 있는데 고려 때 김구(金坵)가 판관이 되어 집 집마다 돌을 모아 담장을 쌓아 경계를 삼도록 하니 사람들이 편케 여겼 다고 하니, 이미 이곳 사람들은 고려 때부터 돌쌓기에는 달인이었던 듯 하다. 기록에 보이는 성벽의 높이 26척이나 33척은 어디서도 찾을 수 없 는 높이이기 때문이다.

사진 1. 항파두리성

한국의 역사와 문화 그리고 제주

추사 김정희의 삶과 예술

유홍준 명지대학교 미술사학과 교수

▲ 추사 김정희

추사 김정희의 삶과 예술

Ⅰ. '추사체'라는 기괴한 글씨

추사의 예서(隷書)나 해서(楷書)에 대하여 잘 알지 못하는 자들은 괴기(怪奇)한 글씨라 할 것이요, 알긴 알아도 대충 아는 자들은 황홀하여 그 실마리를 종잡을 수 없을 것이다. 원래 글씨의 묘(妙)를 참으로 깨달은 서예가란 법도를 떠나지 않으면서 또한 법도에 구속받지 않는 법이다. 글자의 획이 혹은 살지고 혹은 가늘며, 혹은 메마르고 혹은 기름지면서 험악하고 괴이하여, 얼핏 보면 옆으로 삐쳐나가고 종횡으로 비비고 바른 것 같지만, 거기에 아무런 잘못이 없다. 추사 선생이 소사(蕭寺)에서 남에게 써준 영어산방(穎漁山房)이라는 편액을 보니 거의 말〔斗〕만한 크기의 글씨인데, 혹은 몸체가 가늘고 곁다리가 굵으며, 혹은 윗부분은 넓은데 아래쪽은 좁으며, 털처럼 가는 획이 있는가 하면 서까래처럼 굵은 획도 있다. 마음을 격동시키고 눈을 놀라게 하여 이치를 따져본다는 게 불가하다. 마치 머리를 산발하고 의복을 함부로 걸쳐서 예법(禮法)으로는 구속할 수 없는 것과 같았다. … 감히 비유해서 말하자면 불가(佛家)·도가(道家)에서 세속을 바로잡고자 훌쩍 세속을 벗어남과 같다고나 할까.(유최진, 『초산잡저』)

II. 박규수의 「추사체 변천론」

완옹(阮翁, 추사)의 글씨는 어려서부터 늙을 때까지 그 서법(書法)이 여러 차례 바뀌었다. 어렸을 적에는 오직 동기창(董其昌)에 뜻을 두었고, 중세(中歲, 스물네 살에 연경을 다녀온 후)에 옹방강을 좇아 노닐면서 열심히 그의 글씨를 본받았다. (그래서 이 무렵 추사의 글씨는) 너무 기름지고 획이 두껍고 골기(骨氣)가 적었다는 흠이 있었다. 그리고 나서 소동파(蘇東坡)와 미불(米芾)을 따르고 이북해(李北海, 唐의 李邕)로 변하면서 더욱 굳세고 신선해지더니 … 드디어는 구양순(歐陽詢)의 신수(神髓)를 얻게 되었다. 만년에 (제주도 귀양살이로) 바다를 건너갔다 돌아온 다음부터는 (남에게) 구속받고 본뜨는 경향이 다시는 없게 되고 여러 대가의 장점을 모아서 스스로 일법(一法)을 이루게 되니 신(神)이 오는 듯 기(氣)가 오는 듯, 바다의 조수가 밀려오는 듯하였다.(『박규수전집』, 「유요선이 소장한 추사유묵에 부쳐」)

III. 추사체의 특질 : 괴(怪)

마침 '봉래(蓬萊)' 두 글자의 대자(大字) 편액이 있는데 제가 걸기에는 너무도 무미하고 또 전해 보일 만한 자도 따로 없기에 받들어 영감께 부치오니 이 뜻을 깊이 살피어주실는지요? 근자에 들으니 졸서(拙書)가 세상 눈에 크게 괴하게 보인다고 하는데 이 글씨를 혹시 괴하다고 헐뜯지나 않을지 모르겠소. 이는 영감이 결정할 일이외다. 웃고 또 웃으며 이만 갖추지 못하옵니다.(전집 권4, 김병학에게, 제2신)

요구해온 서체는 본시 처음부터 일정한 법칙이 없고 붓이 팔목을 따라 변하여 괴(怪)와 기(氣)가 섞여 나와서 이것이 금체(今體)인지 고체(古體)인지 나 역시 알지 못하며 보는 사람들이 비웃건 꾸지람하건 그것은 그들에게 달린 것이외다. 해명해서 조롱을 면할 수도 없거니와 괴(怪)하지 않으면 글씨가 되지 않는걸 어떡하나요.(전집 권5, 어떤 이에게)

IV. 완당의 장인적 수련과 연찬

70평생에 벼루 10개를 밑창 냈고 붓 일천 자루를 몽당붓으로 만들었다.

더구나 예서 쓰는 법은 가슴속에 청고고아(淸高古雅)한 뜻이 들어 있지 않으면 손에서 나올 수 없고, 가슴속의 청고고아한 뜻은 또 가슴속에 문자향과 서권기가 들어 있지 않으면 능히 팔뚝과 손끝에 발현되지 않는다. … 모름지기 가슴속에 먼저 문자향과 서권기를 갖추는 것이 예서 쓰는 법의 기본이며 예서를 쓰는 신결(神訣)이다.(전집 권7, 잡저, 상우에게 써서 보이다)

아무리 구천구백구십구분까지 이르렀다 해도 나머지 일분만은 원만하게 성취하기 어렵다. 이 마지막 일분은 웬만한 인력(人力)으로는 가능한 것이 아니다. 그렇다고 이것이 인력 밖에서 나오는 것도 아니다.(전집 권6, 석파 난권에 쓰다)

V. 만년의 시와 서정

길가의 마을 집이 옥수수밭 가운데 있는데 두 늙은 영감 할멈이 희희 낙락하게 지낸다. 그래서 영감 나이가 몇이냐 물었더니 일흔 살이라 한다. 서울에 올라가보았느냐 하니 평생 관(官)에는 들어가본 적이 없다고 했다. 무얼 먹고 사는가 물으니 옥수수를 먹는다 했다. 나는 마냥 남북으로 떠다니며 비바람에 휘날리던 신세라 노인을 보면서 나도 모르게 망연자실하였다.

한 그루 늙은 버들, 두어 서까래 집에	禿柳一株屋數椽
머리 하얀 영감 할멈 둘이 다 쓸쓸하네.	翁婆白髮兩蕭然
석 자가 아니 되는 시냇가 길 못 넘고서	未過三尺溪邊路
옥수수 가을바람에 칠십 년을 살았다오.	玉西風七十年

나는 천성이 노는 것을 즐거워하여 … 늘 좋은 놀이를 만나거나 좋은 반려를 만나면 낮놀이가 부족하여 밤까지 계속했으며, 근심과 걱정을 하도 많이 겪어서 삶과 죽음까지 깨우쳐 통했으니 처자나 집안일 따위는 마음에 걸릴 것도 없이 오직 대나무 한 포기, 돌 한 덩이, 꽃 한 송이, 풀 한 포기라도 진실로 마음에 붙일 만한 곳이 있다면 거기에서 세상을 마칠 생각을 가졌지요. 하물며 이른 봄과 늦봄 사이의 강마을 경치는 더욱 아름다워, 꽃은 비로소 봉오리가 터지고 새들은 다 둥지를 벗어나며 하늘은 엷은 청색을 띠고 물은 짙은 초록을 지으면서 만 그루 복사꽃이 붉고 천 그루 배꽃이 희게 다투어 벌어지고 백리 들판의 보리는 푸르고 누렇게 펼쳐졌는데, 나는 이따금 홀로 그 속을 거닐며 짐짓 들까치를 설레게 하고 왕왕 노래를 부르며 흰 구름을 뚫고 가곤 했지요. 간혹 옛벗을 만나면 그윽하고 먼 데를 마음껏 구경하고 … 낮에는 역사책을 읽고 새벽에는 경전을 공부하며 해가 기울도록 벗을 붙들고 밤중이면 귀신과 얘기하며 밤낮의 구경을 다하여 흠뻑 젖어드는 흥취를 실컷 푼다면 그

즐거움이 거의 죽음을 잊을 만도 하지 않겠소.(전집 권5, 어떤 이에게)

VI. 노과시절의 졸(拙)과 허(虛)

요즘 사람들이 써낸 글씨를 보니 다 능히 허화하지 못하고 사뭇 악착한 뜻만 많아서 별로 나아간 경지가 없으니 한탄스러운 일일세. 이 글씨의 가장 귀하게 여기는 것은 바로 허화한 곳에 있으니 이는 인력으로 이르러 갈 바가 아니요, 반드시 일종의 천품(天品)을 갖추어야만 능한 것이며, 심지어 법을 갖추고 기(氣)가 이르러 가면 한 경지가 조금 부족하다 해도 점차로 정진되어, 스스로 가고자 아니해도 곧장 뼈를 뚫고 밑바닥을 통하는 수가 있게 마련이라네.(전집 권4, 김석준에게, 제4신)

VII. 동양 서예사에서 추사체의 위치

청나라 시대 서예이론가였던 양헌은 『평서결』에서 중국 서예사를 다음과 같이 말했다.

> 진나라 사람은 운(韻)을 숭상하고
> 당나라 사람은 법(法)을 숭상하고
> 송나라 사람은 의(意)를 숭상하고
> 원·명나라 사람은 태(態)를 숭상했다.
> 晉尙韻 唐尙法 宋尙意 元明尙態.

이 논리를 청나라에 이끌어 말하면, 청나라 사람은 학(學)을 숭상했고 그들이 지향한 글씨는 '입고출신(入古出新)'이며 개성으로서의 괴(怪), 즉 고전에 입각한 근대정신의 감성적 표현이었다. 이러한 청나라 시대 서예의 과제를 가장 훌륭한 수행해낸 서예가로는 과연 누가 꼽힐까? 보통 청나라 서예사는 정판교·유용·등석여·이병수·강유위·오창석·하소기 등으로 장식되어 있다. 그러나 그 누구 하나로는 청대의 서예를 대표하지 못한다. 입고가 강한 이는 출신이 약했고, 출신이 강한 이는 입고가 약했다. 진정한 입고출신의 개성적인 글씨, 이를 감당할 수 있는 서예가는 오직 완당 김정희뿐이다.

Ⅷ. 초의 스님의 제문

무오년(戊午年) 2월 청명일에 방외(方外)의 친구 초의는 한잔의 술을 올리고서 김공 완당 선생 영전에 고하나이다. 엎드려 생각건대, 좋은 환경에 태어나서 어찌 굳이 좋은 때를 가리려 했나이까. 신령스런 서기로서, 어두운 세상에 따랐으면 그게 곧 밝은 세상이었을 텐데, 이를 어기고 보니 기린과 봉황도 땔나무나 하고 풀이나 베는 나무꾼의 고초를 겪은 것입니다.

슬프다! 선생은 천도(天道)와 인도(人道)를 닦아 여러 학문을 체득하시고, 글씨 또한 조화를 이루어 왕희지·왕헌지의 필법을 능가하고, 시문(詩文)에 뛰어나 세월의 영화를 휩쓸고, 금석(金石)에서는 작은 것과 큰 것을 모두 규명하여 중국에까지 이름을 떨치셨나이다. 달이 밝으면 구름이 끼고, 꽃이 고우면 비가 내립니다.
슬프다! … 생전에 말하던 그대 모습 지금도 거울처럼 또렷하여 그대 잃은 나의 슬픔 이루 다 헤아릴 수 없나이다. 슬프다! 노란 국화꽃이 찬

눈에 쓰러졌는데 어쩌다 나는 이다지 늦게 선생의 영전에 당도했는가. 선생의 빠른 별세를 원망하나니, 땅에 떨어진 꽃은 바람에 날리고 나무는 달그림자 끝에 외롭습니다.

선생이시여! 이제는 영원히 회포를 끊고 몸을 바꿔 시비의 문을 벗어나서 환희지(歡喜地)에서 자유로이 거니시겠지요. 연꽃을 손에 쥐고 안양(安養)을 왕래하시며 거침없이 흰 구름 타고 저 세상으로 가셨으니 누가 감히 막을 수 있겠습니까. 가벼운 몸으로 부디 편안히 가시옵소서. 흠향하소서.(『초의선집』)

IX. 『조선왕조실록』의 졸기

철종 7년, 10월 10일 갑오. 전(前) 참판 김정희가 죽었다. 김정희는 이조판서 김노경의 아들로 총명하고 기억력이 투철하여 여러 가지 책을 널리 읽었으며, 금석문과 그림과 역사에 깊이 통달했고, 초서·해서·전서·예서에서 참다운 경지를 신기하게 깨달았다. 때로는 하지 않아도 될 일을 잘했으나 사람들은 그것을 비판할 수 없었으며, 그의 작은아우 김명희와 더불어 훈지처럼 서로 화답하여 울연히 당세의 대가가 되었다. 젊어서부터 영특한 이름을 드날렸으나 중도에 가화(家禍)를 만나 남쪽으로 귀양가고 북쪽으로 유배가며 온갖 풍상을 다 겪으며, 혹은 세상의 쓰임을 당하고 혹은 세상의 버림을 받으며 나아가기도 하고 또는 물러나기도 했으니 세상에선 (그를) 송나라의 소동파에 비교하기도 했다.

표 1. 추사 김정희 연보

期	나이	干支	年度	행적 / 사항	작품
초년 시절	1	丙午	1786	出生	
	8	癸丑	1793		〈부친께 보낸 편지〉
	24	己巳	1809	生員 / 燕行	
중년 시절	25	丙午	1810	歸國	〈送羅兩峰詩〉
	27	壬申	1812		〈신위연행송별시〉
	29	甲戌	1814		〈溪堂書帖〉
	30	乙亥	1815		〈조인연 연행 송별시〉
	31	丙子	1816	(김경연과 함께) 北漢山 巡狩碑 발견	〈實事求是〉〈以威亭記〉
	32	丁丑	1817	北漢山 巡狩碑 (조인영과 함께) 다시 답사 경주 무장사 답사.	〈김경연에게 보낸 편지〉
	33	戊寅	1818	翁方綱 卒〈門乃次道〉(초고본)	〈海印寺 중건 상량문〉〈아내에게 보낸 편지〉
	34	己卯	1819	文科及第	
	37	壬午	1822	奎章閣 侍敎(38)	〈直聲有闕下〉〈松羅郵館에게 보낸 편지〉
	41	丙戌	1826	충청우도암행어사	
	42	丁亥	1827		〈雲外夢中〉〈어떤이에게 보낸 편지〉
	43	戊子	1828		〈芝山에게 보낸 편지〉 〈아내에게 보낸 한글편지〉
	45	丙寅	1830	부친의 流配	〈松崑에게 보낸 편지〉
	46	辛卯	1831		〈조광진에게 보낸 편지〉
	48	癸巳	1833	부친의 解配	〈貞夫人光山金氏墓碑〉
	51	丙申	1836	대사성	
	53	戊戌	1838	부친 卒	〈조광진에게 보낸 편지〉
	54	乙亥	1939	병조참판	〈玉山書院〉〈王碩士에게 보낸 편지〉 〈藝林甲乙錄〉
제주 유배 시절	55	丙子	1840	제주도 流配	〈모질도〉〈대둔사 無量壽閣〉 〈아내에게 보낸 한글 편지〉
	57	壬寅	1842	부인 卒	〈아내에게 보낸 편지〉〈壯洞집으로 보낸 편지〉
	59	甲辰	1844		〈歲寒圖〉〈草衣에게 보낸 편지〉
	61	丙午	1846		〈詩境軒〉〈無量壽閣〉

	63	戊申	1848	解配	
칠십 이구 초당 시절	64	己酉	1849		〈樊上村庄蘭〉
	65	庚戌	1850		〈殘書頑石樓〉〈小窓多明〉 〈不作蘭〉〈扇面絶句〉〈寶丁山房〉
	66	辛亥	1851	北靑 流配	
북청시절	67	壬子	1852	解配	〈石砮歌〉〈眞興北狩古境〉〈山崇海深〉
과천 시절	68	癸丑	1853		〈郭有道碑〉〈丹光玉氣〉〈草衣에게 보낸 편지〉
	69	甲寅	1854		〈家庭遊藝帖〉〈尹碩士에게 보낸 편지〉 〈質夫回傳〉
	70	乙卯	1855		〈七夕絶句〉〈白坡律師碑〉〈孝子 金福奎碑〉 〈春風大雅〉
	71	丙辰	1856	卒	〈大烹豆腐〉〈海鵬大師影幀讚〉〈板殿〉

국립제주박물관 문화총서 **10**

한국의 역사와 문화 그리고 제주

초판 인쇄일   2011년 4월 7일
초판 발행일   2011년 4월 12일

편   자 국립제주박물관

발 행 인 김선경
책임편집 김윤희, 김소라
발 행 처 **서경문화사**
　서울특별시 종로구 동숭동 199 – 15(105호)
　TEL : 743 – 8203
　FAX : 743 – 8210
　E-mail : sk8203@chollian.net

등록번호 1-1664호

값 14,000원
ISBN 987-89-6062-072-8(94900)
ⓒ국립제주박물관, 2011

＊잘못된 책은 교환해 드립니다.
＊저자와의 협의하에 인지는 생략합니다.